二战浪漫曲 WORLD WAR II ROMANCE

希特勒的女人们

◎李乡状 / 编著

HITLER'S WOMEN

 团结出版社

UNITY PRESS

图书在版编目（CIP）数据

希特勒的女人们 / 李乡状编著. —— 北京：团结出
版社, 2014.1（2022.11重印）
ISBN 978-7-5126-2358-3

Ⅰ.①希… Ⅱ.①李… Ⅲ.①希特勒，A.（1889～
1945）—生平事迹 Ⅳ.①K835.167=5

中国版本图书馆CIP数据核字(2013)第302437号

出　　版：团结出版社
　　　　　（北京市东城区东皇城根南街84号　邮编：100006）
电　　话：（010）65228880　　65244790（出版社）
　　　　　（010）65238766　　85113874　　65133603（发行部）
　　　　　（010）65133603（邮购）
网　　址：http://www.tjpress.com
E-mail：zb65244790@163.com（出版社）
　　　　　fx65133603@163.com（发行部邮购）
经　　销：全国新华书店
印　　刷：三河市华晨印务有限公司

开　　本：710毫米×1000毫米　　16开
印　　张：15
字　　数：170千字
版　　次：2014 年 1 月　第 1 版
印　　次：2022 年 11 月　第 4 次印刷

书　　号：978-7-5126-2358-3
定　　价：68.00 元

前言
■QIANYAN

在第二次世界大战中，世界反法西斯斗争的舞台上留下了许多可歌可泣的动人故事。从元帅到士兵，人们同仇敌忾，为着民族和人民的利益和正义的事业，不惜抛头颅、洒热血，与敌人奋战到底。他们当中有隐秘战线的无畏英雄，有在正面战场上奋勇搏杀的热血男儿，有统帅千军万马的睿智将领，也有策动局势的领袖元首。那些发生在他们身上种种带有传奇色彩的事件至今仍然广为人们所传颂，战争的铁血和历史的壮阔更是为这些曾经的故事增添了一份令人回味无穷的浪漫。

客观来说，"二战"的发生是人类历史上的一场浩劫，它使全世界大多数地区的国家都遭受到了战火的洗礼，令无数军民饱尝了它所带来的磨难；然而，"二战"的胜利却又无疑是人们一次无可比拟的伟大成就，是它将全世界人民团结战斗打败法西斯军国主义的胜利与和平的丰碑，永远树立在了历史的漫漫长路上，父辈的血汗与呐喊凝聚在这里，为我们这些后人留下了一处值得永远敬仰和继承的精神——在亚洲、在非洲、在欧洲，世界各国人民团结在反法西斯同盟的旗帜下展开了对德、意、日法西斯轴心国的殊死战斗。从1933年到1945年，世界范围内的反对法西斯斗争此起彼伏。终于，正义战胜了邪恶，向往和平与正义的人们赢得了最后的胜利。

在二十一世纪的今天，那段历史已然离我们远去了，曾经高呼的口号被淹没在平淡的生活当中，战火的痕迹被新建起的楼房与街道所掩盖。战争的记忆从我们身边消失已久，然而，即便如此，今天的我们也仍然能够不时从书籍、报刊和人们的口耳相传中听到那些似乎已经远去的名字与词语:敦刻尔克大撤退、不列颠空战、斯大林格勒保卫战、解放波兰、攻陷柏林……这些泛着陈旧之色的字眼或许被提及的时候给人的感觉或许已经不能像几十年前那样容易引起热血的激荡和讨论的兴味。但是当我们翻开书本,重新咀嚼起它们身后的那些故事,胸中却还是无法抑制地会泛起对历史那份无尽浩荡与雄浑奥壮的回味悠长。

是否还记得,莫斯科郊外以血肉之躯抵挡坦克的最后呐喊;敦刻尔克海岸上为同袍撤离而顶着炮火与炸弹袭击的顽强阻击;在伦敦上空对敌人如黑云般压来的轰炸机群从飞机炮口中喷出的怒火;昔日北非名将隆美尔与蒙哥马利率领部队殊死作战的阿拉曼战场上,如今伴着双方遗留下来无数地雷形成的"魔鬼花园"的,只有在沙漠公路两旁绵延久远的无名战士墓……

麦克阿瑟曾经说,老兵不死,他们只会渐渐湮没(在人群中)。当战争离我们远去之后,那些与战争有关的人们和他们的事迹也被生活中更加贴近我们的种种信息所渐渐掩去。而事实上,无论辉煌抑或黑暗,这些值得了解的过往都不应该在我们的记忆中以一个毫无内容的名词的形式一直蒙尘,直到死去。从这些故事当中,我们能够学习和获得许多生活中可能永远无法接触到的智慧,以及情感。

本书通过对历史史实的详细阐述,从战争的过程当中甄选出一系列不同身份的角色。通过从不同的角度,不同的立场和不同的身份进行讲述和介绍,使一大批鲜活的人物跃然纸上,他们的事业,生活,伴侣,友人,仇敌以及经历都以一种更加贴近人性的视角被展现出来,便于读者们更好地带入到角色的感受当中去,更贴切地去解读和掌握书中所介绍的这些活跃于那个特殊年代的人们。

本套丛书当中不仅介绍了我们时常听闻的那些在第二次世界大战中声名在外的著名将领和领导人的事迹和经历，也包含了对那些工作在隐秘战线，工作在敌人心藏中的无名英雄的描写，让我们能够从更全面的角度来对二战时代的局势与当时不同阵营和国家人们的世界观进行了解，相辅相成地为每一位相关的人物在印象中描绘出一个更加贴近现实的生活与境遇背景，还原出一个个与历史百科介绍中那些冰冷文字构筑下不一样的人物形象。

　　本书力求以历史原貌真实再现历史史实，呈现在读者面前。如果存在某些描写过甚或与真实历史出入之处，敬请各位读者朋友批评指正。

2013.12.26

目录
MULU

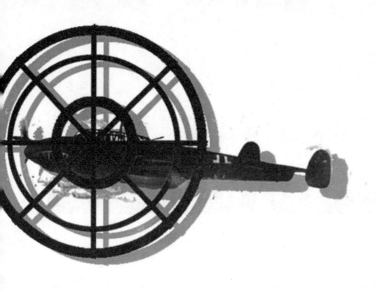

希特勒的家族

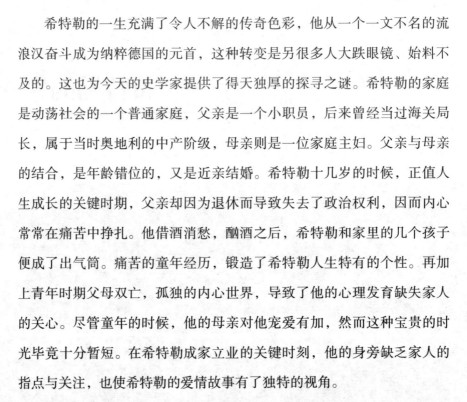

希特勒的一生充满了令人不解的传奇色彩，他从一个一文不名的流浪汉奋斗成为纳粹德国的元首，这种转变是另很多人大跌眼镜、始料不及的。这也为今天的史学家提供了得天独厚的探寻之谜。希特勒的家庭是动荡社会的一个普通家庭，父亲是一个小职员，后来曾经当过海关局长，属于当时奥地利的中产阶级，母亲则是一位家庭主妇。父亲与母亲的结合，是年龄错位的，又是近亲结婚。希特勒十几岁的时候，正值人生成长的关键时期，父亲却因为退休而导致失去了政治权利，因而内心常常在痛苦中挣扎。他借酒消愁，酗酒之后，希特勒和家里的几个孩子便成了出气筒。痛苦的童年经历，锻造了希特勒人生特有的个性。再加上青年时期父母双亡，孤独的内心世界，导致了他的心理发育缺失家人的关心。尽管童年的时候，他的母亲对他宠爱有加，然而这种宝贵的时光毕竟十分暂短。在希特勒成家立业的关键时刻，他的身旁缺乏家人的指点与关注，也使希特勒的爱情故事有了独特的视角。

一个人的成长过程是和他所处的时代背景以及家庭环境是分不开的。他的个人情感状况也会不同程度地影响个人的成长进程。希特勒也是如此。在他的成长过程中，奇特的家庭环境和复杂的情感经历也影响了他的一生。

19 世纪的奥地利帝国，位于欧洲中南部，东邻匈牙利，东北与斯洛伐克接壤，南接意大利和斯洛文尼亚，西交瑞士和列支敦士登，北与捷克毗邻，西北与德国交界，是德意志联邦中两个最大公国之一。

美丽的音乐王国奥地利，阿道夫·希特勒就出生在奥地利的小镇瓦尔德维尔特尔迪。这是一个土地面积不大的小地方，但是风景秀丽。夏秋时节，远处高低起伏的丘陵，总是洋溢着浓厚的乡村气息。微风拂过，森林、草地散发出大自然独有的清新。站在山地上向远处望去，村庄和农田都给人以宁静的感觉。虽然距离首都维也纳只有五十英里左右，却一点主流社会的时尚气息都没有。

在希特勒童年的岁月里，社会环境和家乡的人文地理环境对铸就他后来个人的性格有着很大的影响。

生日对于别人来说，是一个极普通的日子，可是这一天，对于希特勒家族却是十分重要的。1889 年 4 月 20 日晚上，一阵婴儿的啼哭声从勃劳瑙镇上的一家小客栈中传出，这个婴儿的诞生使得这个小镇日后在史书上有了新的记载，这个婴儿就是阿道夫·希特勒。

普通孕育着神奇。一些名不见经传的小人物，一些看起来不起眼的小事情，往往会对后来的历史产生巨大的影响。希特勒家族在勃劳瑙镇是一个普通的家族，他的祖父、父亲都是奥地利日耳曼人，过着普通的平淡生活，波澜不惊，日复一日的日出日落。偶然之间，突起波澜，一个人的力量改变了这原本的平淡。在离奇复杂的身世背后，这或许就是希特勒纷繁复杂感情的基因所在。

希特勒的身世和他父亲复杂的婚姻生活与习惯，对后来希特勒的成长和个人性格的形成产生了巨大的影响。尤其是世界观的形成以及婚姻的观念。父母的喜怒哀乐，有时会严重影响孩子们的思想感情。久而久之，就会养成习惯，铸就性格。这种性格的养成，有的是骨子里带来的，有的是生活中磨炼出来的。尽管长大成人以后，有些人试图改变原有的性格，可是江山易改，本性难移。改变性格绝非易事。

关于希特勒家族在这个小镇的故事，历史记载最早是从希特勒的祖父约翰·格奥尔格·希特勒开始的。

约翰·希特勒在镇上的磨坊做工，靠着这份工作维持着生活，日子过得比较清贫。1824年，约翰娶了一个穷人家的姑娘。婚后六个月生了个儿子，因为不足月，再加上生活贫困，孩子营养不良，没过多久，母子二人就先后过世了。从此，约翰·希特勒过起了四处漂泊的生活。直到20年之后，老约翰来到了杜伦绍尔，在这里认识了一位名叫玛丽亚·安娜的女人，不久就娶了这位47岁的农妇。这个年近半百的女人生活作风不是很好，在与老约翰结婚前就有了一个私生子，名叫阿洛伊斯，他就是纳粹元首阿道夫·希特勒的父亲。

关于阿洛伊斯，我们能够知道的是他是玛丽亚·安娜的儿子，至于他真正的父亲到底是谁？众说纷纭，有人说是约翰·希特勒，据说他和安娜早有暧昧关系。有的说是一个犹太人，因为玛丽亚·安娜曾在一家犹太家庭做过女佣，与主人的儿子发生关系，主人一直支付阿洛伊斯的生活费直到18岁成年。

这便成了一个难解之谜，也许阿洛伊斯的父亲是那个犹太人，也许他的父亲是约翰，安娜只不过想诈主人一笔钱，也许安娜和两个男人都有关系，连她都不清楚孩子的父亲究竟是谁。

约翰·希特勒娶了玛丽亚·安娜之后，不知出于何种原因，并没有按照当地的风俗习惯，把阿洛伊斯正式登记在自己的名下。此后三十五年，阿洛伊斯一直随母姓，人们都叫他阿洛伊斯·施克尔格鲁勃。

到了1877年，四海为家，漂泊一生的约翰·希特勒已经84岁高龄。他回到家乡，想正式将阿洛伊斯登记在自己的名下。他在圣经面前宣誓，他就是阿洛伊斯·施克尔格鲁勒的亲生父亲。阿洛伊斯按照老约翰的意思，从此以后，阿洛伊斯不再随母姓，改为阿洛伊斯·希特勒。理所当然"希特勒"就成了阿道夫的姓氏。

姓氏的来源总是和传说图腾有关的。关于阿道夫·希特勒的姓氏，史学家有不同的几个版本的说法。这些说法尽管听来故事十分有趣，但是姓氏只是标号而已。那些本来的故事，大多数是后人杜撰的。

在人类历史发展的进程中，有许多出于人情的考虑，那么亲情成为血缘传承的重要因素。有一些亲情带给人们成长的基础和力量。

对于一个家庭来说，母亲在教育孩子成长担负着重要的使命和责任。阿洛伊斯·希特勒在很小的时候，母亲就离开了人世，父亲常年四处漂泊，这使他和一名孤儿差不多。小小的年纪，过着十分可怜的生活。后来好心的叔父收养了他。他的叔父的名字叫约翰·冯·奈波穆克·休特勒。因为希特勒的叔父用了这个名字，有些史学家认为这个家族有捷克血统。

困境的生活帮助了阿洛伊斯的成长，他的独立生活能力很强，虽然被收养在叔叔家，但是他开始学做手工业活赚钱养活自己。他像他的父亲约翰一样性格放荡不羁，喜欢四处游荡，他来到了奥地利首都维也纳谋求发展，寻求自己的大好前程。18岁的时候，他在萨尔茨堡成了海关的边境警察，6年后提升为海关职员，从此开辟了新的生活道路。

在萨尔茨堡担任海关职员期间，在残酷的现实面前，阿洛伊斯娶了一位比他大14岁的海关官员的女儿，这是一段为了仕途发展而迫不得已的婚姻，这是他的第一任妻子安娜·格拉斯尔——霍勒。这段婚姻维持了16年但是并不幸福，两个人感情生疏，分居而住，没有生育后代，彼此间形同陌路。

在这段婚姻还没有结束之前，风流倜傥的阿洛伊斯就与年轻貌美的弗朗西斯卡同居在一起，还在 1882 年有了一个儿子，取名为小阿洛伊斯，这就是希特勒同父异母的大哥。在发妻去世后 2 个月，他就同弗朗西斯卡正式结婚，5 个月后又生了个女儿，名叫安吉拉，就是希特勒同父异母的姐姐。阿洛伊斯的第二次婚姻并没有维持很长时间，结婚后第三年弗朗西斯卡就因肺病而离开了他。

或许阿洛伊斯生来桃花运就旺，在第二任妻子离去不到一年，他就又娶了一位年轻漂亮的姑娘。令所有人感到疑惑不解的是，新娘竟然是抚养他成人并为之过继的亲叔父的外孙女，也就是他的外甥女。克拉拉当时只有 25 岁，比他的舅舅丈夫小 23 岁。近亲结婚在欧洲传统的婚姻习俗上也是抵制的。所以，他们的婚姻在生活周围的圈子里引起了一片哗然。但是，他们还是不顾一切地走到了一起，这也许就是人们常说的世间真爱吧。然而，近亲结婚却给他们后来的生活带来了很大的影响。不用说接二连三的孩子夭折，更多的是，生活中带来了很多不便。克拉拉与阿洛伊斯结婚仅仅 6 个月，他们的第一个孩子就来到了人世间，但是很不幸，孩子夭折了，随后又有两个孩子相继在襁褓中夭折。这令他们的生活蒙上了阴影，也使生活的脚步更加沉重。倒是他们的第四个孩子阿道夫·希特勒出生于 1889 年 4 月 20 日，给这个家庭带来了希望的曙光。在这样的情形下存活下来的阿道夫实属不易，也自然格外受到全家人的宠爱。

阿洛伊斯·希特勒一生结了三次婚，养育了三男一女。在这种复杂的婚姻中，家庭血缘的亲情就显得更加重要。在希特勒的兄弟姐妹中，同父异母的姐姐安吉拉可以说是希特勒家族中唯一同阿道夫有着密切来往的人。这个姐姐对希特勒的成长影响很大，除了母亲，希特勒的家庭温暖很大程度上来自于这个姐姐。后来安吉拉嫁给税务官拉包尔，生了一个女儿叫格莉。

在生活中，残酷的现实是不以人们的意志为转移的。阿道夫·希特勒就出生在这样一个有些紊乱的家庭，这种在今天看来极为特殊的身世和隐晦的血缘关系，或许正是希特勒后来与众不同的感情经历的根源。

希特勒出生后不久，父亲被调往巴伐利亚的帕骚市担任一个属于奥地利海关的局长职位，于是他们一家随父亲搬往帕骚市。三岁到五岁是儿童锻炼语言和智慧的关键时期，在这个陌生的德国城市里生活以及与德国的孩子们共同生活在一起，即使成人之后也还是带有在帕骚市时期学会的那种巴伐利亚南部的口音。

家庭的生活虽然并不富裕，但是也是过着比普通人稍好一点的生活。除了父亲海关局长的职位，希特勒的一家也有一些生活的基础。那个时代整个欧洲处于大动荡的时代，人们生活在一种奔波和游离状态。一些思想活跃的勤奋青年总是不满于生活的现状，从一个地方奔波到另一个地方。那一时期，最繁忙的应该是整个欧洲的交通运输了。希特勒的一家也是如此。1895年，阿洛伊斯从德国被调回林茨担任海关职务，一家人又搬回奥地利。父亲在林茨环境优美的郊外，有了一处安静的住所。希特勒被送到离家很近的一所学校上小学。每天早上，他都和同父异母的姐姐一起走到学校，他和姐姐的感情很深厚。生活中短暂的幸福稳定当中。在希特勒后来回忆，那个短暂的时光也许是他童年中最快乐的。

就在这一年，希特勒的父亲从海关退休了。干了四十多年公务员的他很难适应这种退休生活，于是开始酗酒消愁，脾气也变得暴躁、易于激动，经常毒打孩子，用马鞭乱抽，导致十四岁的哥哥小阿洛伊斯无法忍受而离家出走。希特勒的父亲酗酒、打孩子的做法对希特勒后来疯狂的个性产生了一定的影响。这一时期，不甘于退出政治舞台的父亲经常在外酗酒，稍不满意就对孩子们大打出手。

生活中，孩子们期盼的是今天爸爸没有酗酒，否则就成了爸爸出气的工具。希特勒在父亲不时的打骂相加和母亲的溺爱呵护中，逐渐形成内向、倔强、不受拘束、易于激动暴躁的复杂性格。在课堂上，希特勒的学习成绩一直不好，因为他把有效的时间都放在阅读名人传记上，有时老师在前面上课，他在底下阅读。这些名人成长的轨迹对于日后他的成长有了一定的借鉴和帮助作用。

随着岁月的流逝，孩子们逐渐长大了，希特勒也逐渐步入了学生时代。为了接收良好的传统教育，在兰巴赫附近的一个本笃派修道院，希特勒学习了两年，他在那里参加了唱诗班并树立了童年的梦想。据后来希特勒自己说，那时候他最大的梦想是成为一名牧师。因为通过牧师的活动可以得到更多人的崇拜。后来他发现自己在绘画方面比较有天赋，于是他的梦想改变了，想要成为一名画家。这个梦想是希特勒一生中的一个心结，没能成为画家，这是希特勒一生中一个遗憾。他始终认为，自己具有作为画家的艺术天赋。

当一个人具有崇高的理想的时候，为了这个理想，他会不断努力和奋斗。可是，在残酷的现实面前，有时人们不得不及时修正自己一些不切合实际的想法，有些理想也会随着时间的推移而变成泡影。当希特勒十一岁的时候，小学毕业了，父亲决定送他到林茨市的中学就读，因为他希望儿子和自己一样做个公务员。至于希特勒的个人的意愿，他却没有理会。他想，通过公务员的道路，使儿子在仕途上能够有所造就。

希特勒当然要把自己的想法告诉父亲，当听说自己的儿子想做画家、艺术家的时候，父亲大吃一惊，他对孩子的想法不能理解。待父亲弄清楚了以后，特别是他意识到希特勒说的是非常认真的心里话时，他极其坚决地反对这个打算，父亲用家长的权威回绝了希特勒的想法。

在立业选项的十字路口，父子俩有了分歧。而希特勒与父亲同样具有坚强的不可动摇的信念。于是，希特勒用他自己的方法开始反抗父亲了。

和父亲对抗，是孩子的一个冒险，因为他不知道面临的会是怎样的体罚。他是想把自己的想法转化为现实，可是，这就违背了父亲的意志。这为后来独断专行的思考方法和独裁统治的心理想法打下了伏笔。

面对着家长制的威严，希特勒明白胳膊拧不过大腿的道理，他开始采取消极的方式反抗父亲的权威。在学校考试的时候，他的学习成绩大幅度下滑。希特勒想，当父亲发现他在中学里成绩不好以后，就会考虑他对未来真实的想法。

在这种想法的作用下，希特勒在林茨市的中学里的学习成绩坏得超乎寻常，最可怕的是，因为数学和自然考试不及格而留级。留级，在同学中是极不光彩的事情，也使希特勒第一次尝到了失败的滋味。

这一年秋天，在他补考及格后，终于考试过关，拿到了中学毕业证书。正常来讲他可以继续进入高中学习，但他失去了对学习的兴趣。希特勒以自己曾经患过肺结核病为借口，因为肺结核是传染病，迫使学校成功地说服了溺爱他的母亲，同意他辍学在家。从此，希特勒成了无所事事的闲人。

在希特勒的心中，他一心渴望着出人头地，在学业上的失败，对他来说是一个打击。但是在他的心里，他一直认为他有独到的学习方法和见解，只是那些教过他的老师没有发现。甚至他认为，个别老师对他的看法是极其错误的。

后来，人们在《希特勒秘密谈话录》里发现这样的记载：

每当想起我学生时代的那些老师们，我就觉得他们中的大多数都有点精神上的问题，称得上是好教师的人实在是太少。就是这些人居然有权阻挡一个青年人未来发展的道路，使人觉得真是可悲。

我们的教师都是魔鬼的化身。他们一点也不同情年轻人，他们唯一的目的就是要填塞我们的脑袋，把我们变成像他们那样的博学人猿。如果有学生显出任何一点创造性，他们就要无情地折磨他，我所认识的一些模范学生，后来在社会上都失败了。

学生时代，对于每个人来讲都是一生中重要的一段经历。有时，思想上的潜移默化和世界观的形成，在一个人的一生中非常重要的。在希特勒的心里，也有一位好老师值得他尊敬，这位教师就是林茨市中学的历史教师利奥波德·波伊契博士。他有着极其强烈的民族自豪感，他经历过种族纠纷，使他成了一个狂热的日耳曼民族主义者。这位老师的思想，得到了希特勒的认可。这位老师是希特勒曾经赞扬过的老师，在他看来，这个老师的想法和自己的想法有相似之处，他的民族情结和种族思想让希特勒佩服不已。

本来希特勒对所有的功课毫无兴趣，但是由于利奥波德·波伊契博士是一位历史老师，所以希特勒的历史功课是他学习各门功课中成绩比较好的。关于利奥波德·波伊契博士上课时也经常提问希特勒，这使得希特勒的内心有了一丝丝安慰。在历史课上，他早已经忘了和父亲用学习成绩来反抗的想法了。历史课上，利奥波德·波伊契博士旁征博引，从欧洲的历史讲到欧洲的现实，使得学生们激起了狂热的民族热情。

风华正茂的希特勒，想法特殊，通过历史课，他的自我的思想得到了膨胀和发展，这为后来法西斯军国主义的独裁统治奠定了思想基础。学生时代的希特勒，就赋予极大的思想性，他把自我未来成长的道路不断地修正。由于他思想新锐，口才极佳，也吸引了学生时代的不少女同学的目光。然而，这一时期的希特勒青春年少，盛气凌人，根本没有把那些和他交好的目光放在眼里。因为他心中有着更大的理想和目标，他用自己的思想和实践向着新的目标不断地迈进。

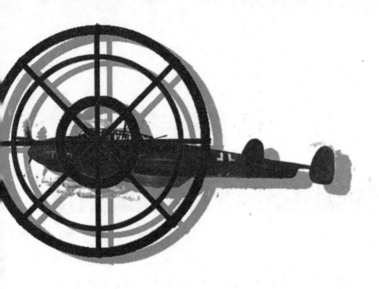

初恋的失败

历史的发展，总是由许多不尽如人意的地方。1903 年，希特勒的父亲因病去世了。这对 14 岁的希特勒来说，意味着有一些家庭责任从此需要自己担负了。尽管父亲在世时经常因酗酒打骂自己，可当得知父亲去世的消息时，还是十分悲痛的。

父亲的去世让家庭的经济收入急转直下，希特勒的生活环境也发生了变化，母亲靠着父亲留下的微薄的积蓄抚养希特勒兄妹几个人，他们住在一所破旧的房子里。尽管生活比较艰苦，但是她的母亲秉承丈夫临终时的遗愿，苦口婆心劝说儿子继续回到学校读书，将来子承父业，进入政府工作，有稳定的工资收入，但希特勒却下定决心不再回到学校，因为没有父亲的管教，他的决定便会很快奏效。

面临着残酷的现实，希特勒如此的坚决，母亲和家里的亲戚只好催促他去做工掌握一项技术本领，将来可以养活自己。希特勒对这些人的意愿根本不放在心上，他陶醉在自己勾勒的做艺术家的梦境中。白天他在街头无所事事的游逛，向同伴们高谈阔论自己对社会不公平现象的看法；晚上他阅读自己喜欢的书目，或者到林嗣小剧院的后排座位上，安静地坐在那里享受现场演奏的音乐会。他不记得周围的一切和自己肩上的责任，一味地追求享乐。

直到若干年以后，希特勒回忆起这段时光时，曾经为浪费时间而感到悔恨。那段时光是他一生中最无忧无虑、最快乐的日子。享受着空虚寂寞的生活，可是他忘记了没有父亲生活来源的基础，这些消遣只是暂时的，而且危机四伏。

　　体弱多病的母亲靠着微薄的收入养活着孩子们，维持着这个家，但年轻力壮的希特勒却不到外面找个活干来帮助母亲撑起这个家。希特勒毕生的信条是不从事任何正当职业来维持他个人的生计，他认为他的生命会在某天早上出现奇迹，而改变现实的一切。他在虚无中，静悄悄地等待着那个属于自己的机会。他经常参加朋友圈的各种各样的聚会。在聚会中，希特勒的演讲口才天赋得到了锻炼。他经常把以往历史课老师描写的情景讲给朋友们听，逐渐地改变了他沉默寡言的形象。

　　曾经有人这样的形容希特勒。"他是一个脸色苍白、身材矮小的孩子，平日里我们在一起，他羞怯怕生，不敢见人，沉默寡言。对于不同意他意见的人，他有时也会愤怒地进行辩驳。"

　　希特勒从严谨、内敛转向机敏、驳辩，这一时期是他悄悄地发生了变化。他的变化不仅体现在思想意识里，也体现在现实行动中。这一时期，他的生活也有了爱情的插曲。

　　岁月会留下不经意间的痕迹，爱情开始是朦胧的。就在希特勒渐渐长大成人的时候，16岁的青春萌动期，属于他人生最刻骨铭心的一次爱情故事出现了。心里的活动是常人无法感受的，这在日后的希特勒的回忆中常常能够看到他对这段恋情的留恋。也可以从中窥视到希特勒内心的情感变化。

　　初恋，对每一个人来说都是一生情感中最美好的回忆。在情窦初开的季节里，初恋让人觉得自己是世界上最幸福的人。然而对希特勒而言初恋却没有一个美好的结局。希特勒在那个充满暴力和溺爱的家庭之中走过了16年，青春懵懂的他也开始注意身边美丽的女孩子，此时一个超凡脱俗的女孩子走进了希特勒的视野，她就是斯蒂芬妮。

当一个人喜欢上另一个人的时候，只有两情相悦才是幸福的。然而希特勒的初恋是青涩的，这个故事中的一切都是希特勒的一厢情愿，爱情单相思的滋味让他寝食难安、度日如年。他对斯蒂芬妮所产生的爱慕之情深深地藏在内心当中，而斯蒂芬妮却一直都不知道。

美丽的斯蒂芬妮勾起了希特勒无限的遐想。只要斯蒂芬妮出现在希特勒的眼前，希特勒就会魂不守舍，甚至有时自己心跳加速，浑身不由自主地冒出了虚汗。当斯蒂芬妮在公园散步的时候，希特勒总是在远远地凝视着她。在希特勒的眼中斯蒂芬妮是那么的完美无缺、楚楚动人，她的美简直是无法形容的。她的眼睛大而迷人，美丽的眼睛里总是让人感到有深刻的内涵。她美得就像一首抒情诗，她的全身充满了少女的纯情，她的一言一行都洋溢着青春的活力。斯蒂芬妮在希特勒内心里留下的最深印记是那双湛蓝色的眼睛，还有那长长的睫毛。每当那双眼睛一眨一眨的时候，希特勒多么希望这时斯蒂芬妮也在注视着自己，和自己有一样的感觉。

清晨，当太阳升起的时候，许多人还沉浸在睡梦中。而公园里，却经常出现三三两两的人群。他们有的在散步，有的在进行体育锻炼。斯蒂芬妮便像钟一样的准确，天天都要准时到公园里散步。公园里绿草如茵，森林茂密，到处都流动着清新如许的空气。让人神清气爽，每一天从这里散步之后，人们就会觉得心旷神怡。她的经常出现，也吸引了希特勒的注意，久而久之，这里便成了希特勒窥见斯蒂芬妮的地点。

虽然希特勒是那样地想着斯蒂芬妮，那样地想着斯蒂芬妮的一切，但是他却没有勇气向斯蒂芬妮表白，甚至胆怯地没有做出丝毫的努力来与她结识，生怕自己的失误打破了现实的平衡。面对着单相思的苦楚，希特勒找到了一个很好的转移方式。这一时期希特勒写了很多充满爱意的小诗，以此来表达自己对斯蒂芬妮的爱恋，虽然从来没有亲手将这些交给过斯蒂芬妮，但是却要读给他的伙伴奥古斯特·库比席克，奥古斯特也很愿意听这些。

在这些爱情诗里，斯蒂芬妮被描述成了一位美丽的少女，婀娜多姿，亭亭玉立。她的一颦一笑都带着那种庄重的古典美，充满着大家闺秀的风范。一看就知道是有教养、秀外慧中、冰清玉洁的女子。她待人接物落落大方，尤其是在公园内散步的时候，宁静的溪水河畔，不时传来她那甜美的笑声。经常去公园散步的总有一帮固定的人群。久而久之，这些人渐渐都有些眼熟。偶尔斯蒂芬妮遇见散步的老人，都和他们亲切地打着招呼。有时，希特勒在一旁瞥见这样的瞬间，他总是认真仔细地观察着每一个微小的情节，仿佛斯蒂芬妮在和自己打着招呼。晚上回到住所，希特勒把这些微小的情节便浓缩在自己的诗中，反复吟咏。

不知为什么，也许是由于羞涩，也许是因为怕失去，希特勒把对斯蒂芬妮的爱深深地埋藏在心里，他自始至终把对斯蒂芬妮的想法埋藏在自己的记忆里。在以后的若干年里，希特勒每每回忆起斯蒂芬妮，心里都充满着幸福感。

希特勒就在单恋的"幸福"中沉浸了一年的时光，他已经爱得不能自拔了。他甚至在这种情况下，他想了许多未来美好的可能。可是，这种美丽的梦想很快就被残酷的现实所粉碎。巧得很，在他17岁生日的那天，他的这场初恋之梦却随着斯蒂芬妮的突然消失而宣告结束。从那天以后斯蒂芬妮就再也没有出现在他的视野里，他每天早晨都在斯蒂芬妮经常散步的地方等她，不知是什么原因，第一天她没有来，第二天她还是没来，就这样斯蒂芬妮再也没有出现在希特勒的视野中。生活中并不只是单行道，斯蒂芬妮在没有任何征兆的情况下，悄然离去。在希特勒的心里，他失恋了。他的初恋就这样在无声无息中开始，又在无声无息中结束。这种过程只有希特勒自己知道，如果要不是他在回忆中写到这个故事，这个故事也可能永远只存在希特勒的心里。而在这一次单相思的心里恋爱中，斯蒂芬妮的突然消失，让希特勒痛苦万分，内心里总有一种不可名状之苦。希特勒决定离开这个让他伤心的地方，他决定去首都维也纳去发展。

　　人的心真是无底洞，没法像清清的泉水一眼就能够望穿。希特勒的心理活动没有被斯蒂芬妮察觉，斯蒂芬妮根本对希特勒心中的情愫毫无察觉。

　　初恋虽然只是一次奇妙的心理活动，但对希特勒来说却受到了一次打击。爱情有时会使人迷失方向。一段时间，他对生活失去了希望。此后，希特勒在爱情的心里活动中，逐渐地走了出来，他开始了全新的生活。

　　随着时间的推移，希特勒一天天长大了。1906年，对于他来说是重要的一年。而初恋失败的希特勒把心中想好的决定向母亲做了请求，他想到外面的世界去闯一闯。善良的母亲费了一些周折，拿出了家里仅有的一些钱，又从亲戚朋友那借了一些，终于使希特勒如愿以偿，实现了到首都维也纳去闯天下的夙愿。

　　帝国的首都维也纳繁华奢靡、金碧辉煌，初次来到维也纳的希特勒，目光里透露出兴奋、狂喜的神态。政治、经济、文化的中心，让希特勒思想上耳目一新。首都的繁华使希特勒觉得如果要想在艺术上有所成就，就必须到维也纳去求学。

不久后，希特勒回到故乡，他极力恳请母亲让他到维也纳艺术学院去读书，以实现他的艺术梦。天底下每一位母亲都深爱着自己的孩子，尽力满足孩子的愿望。1907 年夏，母亲同意他到维也纳报考艺术学院，帮助孩子实现作画家的梦想。尽管生活很拮据，母亲还是多方筹措，满足了希特勒到维也纳上学生活的经济需求。希特勒充满着对未来的希望，充满着无限的自信，踏上了征程。

在维也纳艺术学院，似乎看到自己即将成为一个艺术家。可是残酷的现实却让希特勒心灰意冷。希特勒接连两次报考维也纳艺术学院，第一次他成功通过了第一轮考试，却在第二轮中被淘汰。在失败中，希特勒越挫越勇，这是男人闯荡世界应有的性格。

第二年，满怀信心的希特勒又一次参加维也纳艺术学院的考试，这回的主考官甚至连他的作品都没认真仔细地看就直接否定了他。考官认为希特勒不会在艺术上有什么造就，来到艺术学院只是浪费时间。希特勒想要成为艺术家的梦想就这样被扼杀在摇篮中。事物发展的方向，有时是难以预测的。

后世学者认为维也纳艺术学院犯下了历史性的错误，如果当年录取希特勒成为学院学生，也许他的人生会得到改变，或许不会成为发动第二次世界大战的纳粹狂徒。只是，历史不能假设，也不能推倒重来。如果通过了这个考试，没准希特勒真会成为一个画家。

也许正是因为当画家的梦想破灭了，1933 年希特勒成为德国政府总理不久，这个多年前梦想成为艺术家而被艺术学院拒绝录取的纳粹党首，将他埋藏心中多年的愤恨发泄出来，发动了一场声势浩大的艺术革命。

纳粹党在整个德国国内，将 6000 余件现代艺术藏品从德国各大博物馆、美术馆里清理得一干二净。这里面不仅有德国现代派，还有塞尚、梵高、毕加索等艺术大师的作品统统成为废品。在希特勒看来，这些都一文不值，所有这些都不应该存在博物馆中，现代派艺术家的作品都是"有毒的果实"。

在这场混乱的艺术革命中，门采尔的画作因为受到希特勒的倍加推崇而免遭毁灭，文艺复兴时期的大多数绘画杰作则遭到灭顶之灾，无一幸存。在音乐方面，希特勒崇拜的歌剧大师瓦格纳的作品占据重要位置，他也喜欢贝多芬、勃拉姆斯等人的作品，讨厌爵士乐。门德尔松等犹太裔作曲家的作品更是惨遭横祸。

初恋失败、求学失败还有新的生活中诸多的不顺利，对于一向充满人生自信、有着执着信念的青年希特勒来说，一次次的打击不得不让他开始重新审视自己，评价自己的才干。他与外面断绝了所有的联系，独自一人在维也纳的出租屋里埋头读书，排解心中的苦闷。或者到剧院听听歌剧，或在大街上孤独地徘徊。他茫然不知所措，不愿意就这样一事无成地返回故乡，前路漫漫，却不知道在这个路口应该拐向哪个方向？但是一股与生俱来的"自信"在他胸中燃烧，有一种不可名状之苦，他认为自己不能输，在维也纳这个大都市里，他应该抓住机会。所以，他毫不气馁，更不能走回头路，而是充满干劲要在维也纳继续闯世界。

屋漏偏逢连夜雨，就在希特勒在绝境中徘徊时，他的母亲患了重病，于是他匆忙赶回家中。回家不久，在1908年圣诞节的前夕，各地沉浸在节日的喜悦中，他的母亲却离开了人世。

时间飞速的流逝，希特勒已经19岁了。父母的相继离世，使他变成了无依无靠的孤儿。母亲的离世，使他一下子成熟起来。现实的残酷让这个19岁的青年，不得不长大。

很快，希特勒重新回到维也纳，立志要做一番大事业。在维也纳的

Adolf Hitler — Benito Mussolini

头四年里，维持基本生活都成问题的希特勒，四处奔波，为了生计，临时做过许多行业的不同工种。

有时，天不亮，就起来寻找工作；有时，天黑了，才拖着沉重的脚步回到出租的房间。一点点生活必需品，对于这时的希特勒都是极其重要的。他经常口袋里没有钱去买生活必备品。这一时期，生活都没有着落，更别谈什么爱情了。所以，在成长的过程当中，对这个闯荡世界的青年来说，是一段漫长的极其悲惨的人生岁月，根本不可能涉及爱情。尽管这段时间不长，可是却让希特勒终生难忘。

当时正处于经济繁荣时期，维也纳成为欧洲的艺术中心。经常有各类大型的文艺演出出现，一些世界名人也纷纷云集于此。街道两旁，绿荫树下，许多情侣情不自禁地拥吻。

生活中的希特勒也曾经不止一次的遇到对他有好感的少女，但没有一个是令希特勒动心的。这时期，希特勒利用工作之余，读了许多书籍，丰富了一些专业知识。在成长中，一个伟大的志向在他的心中升腾。

在希特勒生活的圈子里，他漫步在郊外的贫民区，那里的贫民大多数没有正当的职业，与他的境遇差不多。当时处在下层阶级的工人们纷纷加入各式各样的工会组织，由此使得社会民主党的势力迅速发展壮大。

因此，维也纳就是这个国家社会现状的一面镜子。这个多民族国家的一切矛盾，包括民族之间的冲突和大资产阶级同普通工人群众的矛盾都集中体现在维也纳，没有任何一个欧洲大都市能与它相比。维也纳的艺术殿堂核心的地位，逐渐确立，许多世界名人、艺媛汇聚于此，展现着各自的才华。维也纳成为世界时尚的代言。

在这样青春年少的岁月里，青年人的内心都是躁动不安的，一颗向往爱情而懵懂的心在跳动着，但这时的希特勒对女性的态度非常冷漠。

在繁华而浮躁的维也纳，偶尔会有年轻貌美的姑娘向他暗送秋波，而他总是表现出一副不屑一顾的神情。在这段期间，他的内心里不愿意与任何女性接触。或许，他还没有从初恋的阴影中走出来。

希特勒有着坚定地爱情信念，他声称无论是男人还是女人，在结婚前一定要保持自己肉体和灵魂的纯洁性，唯有如此国家民族的后代才会更加健康。同时，他非常鄙视堕落的社会旧俗，激烈抨击社会丑恶现象。不过，希特勒对女人也表现出强烈的好奇心，经常与周围的人共同讨论很长时间，并且向外界透露自己喜欢的女人类型是小鸟依人型，可爱天真，外表柔弱内心坚强的女人。

在维也纳过着流浪汉生活的这段期间，希特勒阅读过大量文学作品，包括有《荷马史诗》，但丁的《神曲》，左拉、易卜生等人的作品。在德国著名作家中，他读过歌德、苏德尔曼、席勒、霍普德曼等人的经典作品。此外，他还阅读了大量有关国家政治、国际军事和宗教的著作，这些著作对他的思想产生了重大的影响。

这些作品中给他留下印象最为深刻的有，德国著名政治人物恩斯特·哈泽写的《德意志的世界政策》，这本书中大力宣扬大德意志民族主义；西方社会著名军事专家克劳塞茨写的《战争论》，书中重点强调战争是世界万物之源；法国贵族戈平写的《人种不平等论》，这本书中极力鼓吹种族主义、宣扬不同人种间的不平等；英国著名哲学家斯宾塞写的《综合哲学体系》，书中强烈反对社会主义；英国人口学家马尔萨斯写的《人口论》，书中宣传由于世界人口的猛增，因此爆发世界战争是不可避免的。

在希特勒的眼中，帝国正在渐渐地发生着变化。有一些变化是普通百姓无法看出来的。只有一些政治家才能有如此敏锐的眼光。按照希特勒的理想，日耳曼民族是伟大的民族，应该拯救帝国，建立独裁统治。

其余各种社会制度，各种人的统治都是危险的。

这一时期，社会发生了动荡，整个欧洲不止一次地爆发着一场场激烈的革命。希特勒决心投靠政治，因为他认为自己有一些捕捉社会发展动力的政治眼光。

希特勒开始参加各种集会，在集会当中，思想得到了一定的熏陶，他也改变了自己腼腆的性格，开始热衷关心各种政治舞台的事件。这一时期，他的周围出现了几个正常接触的女性朋友，她们中间散发着女性的魅力，让希特勒有时浮想联翩。

他经常夜不能寐，魂不守舍地思考着人体的曲线美。虽然希特勒没有去从事画家的工作，但是凭借着他对美术的追求，他还拥有一定的人体线条知识。他经常在草纸上画来画去，多半都是女性的速写。尽管画的很幼稚，但是这一时期无所事事的过程当中，这些线条画伴随着希特勒度过了许多不眠之夜。

尽管现如今已经没有任何资料可以证明希特勒画过这些画，人们只是通过希特勒的回忆录中找到当时的佐证。这也表明了希特勒青春期真实的内心写照。

风华正茂的希特勒由于第一次暗恋的失败，对他的打击使得他压抑了自己的情感，把时间集中在学习和工作上了。这为他后来步入政治舞台打下了一定的基础。

天真烂漫的青春年华，希特勒除了正常的生活之外，开始了他对艺术领域的研究，他经常和朋友们在聚会过程中，了解一些关于维也纳古典舞蹈方面的知识。

有时，他甚至在朋友手中接过手风琴，还能拉上一两首曲子。他的做法往往出人意料之外，尽管他的水平有限，但也能看到这个年轻人的多才多艺，看到他对知识的渴望。他生活中也有许多贫穷的艺术家。就在他的邻居中，有一位每天早起练习小提琴的中年人。琴声伴随着他度过许多寂寞的时光。开始听到这些并不悦耳的音乐，他的内心有许多反感，甚至有几次他想前去阻止。可是时间久了，那些刺耳的音乐便渐渐地成为他生活的一部分。直到有一天，那个练小提琴的中年人搬走了，他却反而有些不习惯了。因为这时，他已经完全摆脱了斯蒂芬妮带给他的暗恋的伤痛，已经走出了感情的漩涡，逐渐成熟起来。

二战浪漫曲

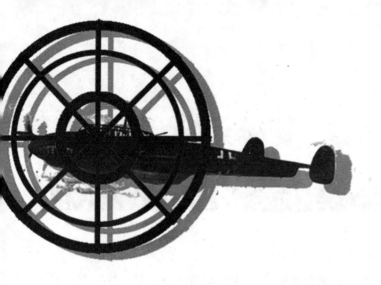

一贫如洗的爱恋

一贫如洗的爱恋

生命中最美好的时光就是遇到你，在人海茫茫中，多一分不多，少一分不少，彼此就那样地相遇了，而这样的相遇对希特勒这个刚刚懵懂的少年来说，也是极其美好的事情，当穷困击败心中的期许之后，希特勒不再对现在的生活环境抱有幻想，于是，他决定在 1913 年的时候离开家乡，到外面去闯荡。

德国的哈布斯堡王朝建立了迷人的宫廷建筑，吸引了很多人在此驻足。希特勒也来到了这个古典气息浓重的地方。从小就怀揣画家梦想的他在这里生活一段时间以后，突然感到知识的可贵，于是，阅读大量的书籍成为了他此时生活中重要的一部分，而这段时间也成为了他一生中学习各种知识花费时间最多的时候。虽然，他从未对学习产生过浓厚的兴趣，但此时他却愿意在自己狭小的单身宿舍涉猎各方面的知识，无论是买来的报纸还是书籍都成为了他增长知识的途径。知识的累积不仅丰富了希特勒的内心世界，同时也让他开阔了眼界，在剖析事情的时候也免去了狭隘的看法，让他成为了朋友圈的一个核心人物。无论谁在生活或者是工作中遇到问题，总是第一时间向他请教，寻求解决问题的方法。尽管在朋友中建立了很高认可度，但他依然深居简出，而且话很少，对人也不热络。

虽然他已经 24 岁了，流浪的生活却使他一无所有。由于动荡的生活，使他缺少了对生活的热情，更少于他人交往。他在这个城市里没有安身之处，没有稳定的工作，没有幸福的家庭，他什么都没有。不过，希特勒的内心却是与常人不同的。他有着极其强烈的自信，这种自信有一种不可战胜的力量。

希特勒常常讲，在维也纳流浪的那段昏暗时光，是他一生中最为痛苦的时期，但也是"最有人生价值"、"最有人生意义"的一段时期。他写道：

"维也纳过去是，直到现在仍旧是我今生条件最艰苦的一段时期，也是将我改造得最彻底的人生课堂。我走进这个城市的时候还是一个不谙世事的孩子，待我离开的时候却已得到蜕变，我的性格也变得沉稳庄重了。"

"在这个艰苦的时期，我的人生观和世界观都有所改变，而正是由于此时所形成的人生基调奠定了我以后的发展方向。除了我当时打下的基础之外，我后来很少需要学习什么东西，也不需要改变什么东西。"此时的希特勒又有了更加远大的梦想，他已不安在此生活下去，于是在1913年的5月，他带着所有的家当来到了慕尼黑。

世界名城慕尼黑是一个古老的城市，风光秀丽，白雪皑皑的阿尔卑斯山高耸云端，缓缓流淌的多瑙河从这个城市旁边流过。就在这风光秀丽的古城内，有多少浪漫的故事凝缩其间。希特勒的到来，再加上他在这个古城中与汉娜的故事为这个古城增添了新的谈资。

就在希特勒穷困潦倒的时候，爱情女神再一次来到他的身边。在慕尼黑，希特勒经常选择坐在公园凉亭的长椅上，以此来打发时间，正值盛夏的公园中既无寒风冷雨的侵扰，也无闷热潮湿的折磨，而且每天早晨都有鸟语花香陪伴，生活虽然贫苦却也别有情趣。汉娜·霍克斯的出现使希特勒再一次对生活燃起了希望之火。

绿草如茵的公园，伴着清晨和暖的阳光，一条长椅成了希特勒的福地。在刚到慕尼黑的时候，他很快就发现了这个优雅的公园，在这个陌生的城市里，清晨的鸟鸣成了最为动听的音乐，流泻下来的斑驳光影成为了创作的源泉，这里让他感受到了生活的甜蜜。

当时希特勒看到汉娜每天早晨都在公园的小树林中投食给小鸟，衣着朴素的她看起来生活并不是很富有，但却依旧每天买来大量的鸟粮来喂小鸟。希特勒认为她是一个非常有爱心，而且非常善良的女人，不会像斯蒂芬妮那样"绝情"，不辞而别。这让希特勒对汉娜的好感油然而生，而这一次，希特勒成熟了，他需要寻找机会与她进行交流。在某个清晨，希特勒终于鼓足勇气来到了汉娜的跟前，做了简短的自我介绍，这时的他是那样的局促，而他的样子也把性格开朗的汉娜逗笑了，两人之间的尴尬很快就被汉娜的笑声打破。尽管穷困的希特勒外表衣着不尽如人意，但是他的语言流利，待人真诚，对事物的见解很是独到。

自从和希特勒相识之后，汉娜依然每天都到公园给小鸟投食，只不过现在不是她一个人而已，希特勒也会陪她一起做这件事，随着时间的推进，彼此的了解也加深了不少。慢慢地，汉娜在心里开始接受了这个年轻人。两个人的思想感情迅速升温，并很快坠入爱河。汉娜的爱心让希特勒认为这是一个细致的女孩子，她不仅在外表上很合希特勒的眼缘，而且她的一颦一笑都令希特勒内心荡漾，对汉娜的爱恋从希特勒流转的眼波中就可轻易看出。

有时，两个人会依偎在一起诉说彼此的过往，希特勒给汉娜讲自己曾经想要当画家的理想，讲自己曾经经历过的坎坷遭遇。汉娜一次次被希特勒的语言所打动，心里伴随着希特勒的描述而跌宕起伏，为希特勒的身世和坎坷的经历而对其怜惜不已。每当希特勒讲到动情之处，她的身心也仿佛融进了此时的故事中。

但是当时的希特勒一贫如洗，身无分文的他只能靠卖画为生，生活毫无保障，虽然他对汉娜的爱恋是毋庸置疑的，但却不能为其提供生活帮助，而汉娜也不过是一个普通的工人，每月也只能靠少得可怜的薪水维持生活，但也只能是够自己生活而已，很难再给希特勒提供帮助。两个彼此相爱的人经常会为生计而犯愁，囊中羞涩的他们有时也会朝不保夕。即使在这种艰难的情况下，汉娜还是希望希特勒能够改善一下生活现状，希望他搬出贫民窟，于是，希特勒在汉娜的资助下重新租住了一间简陋的公寓。此时的汉娜已经完全把希特勒当成了她的生活支柱，无论在生活中遇到何种困难，她都会找希特勒商量。和大多数的情侣一样，在空闲的时候，希特勒会约汉娜到公园散步，一起观看街头流浪艺人的表演。尽管他们的生活质量依然没有改善，但却并不影响他们爱情的甜蜜。

爱情是伟大的，是神圣的，也是专一排他的。希特勒也是如此，他像爱护小鸟一样关照着汉娜，生怕有一天她会飞走。他经常领着汉娜去街边小店去吃汉娜喜欢的食物，聊着各自开心的事情。汉娜也对希特勒一往情深，她把自己的经历和所见所感讲给希特勒听。公园里的林荫道是他们常去约会的地方，他们经常回到他们认识的那个地点相会，重温认识时的一幕一幕。希特勒经常给汉娜讲自己小时候的故事，有一次，父亲在外遇到了不顺心的事情，喝醉了酒，用鞭子抽打希特勒。他只是愤怒地注视着，却没有躲，也没有跑，他想，这也许是儿子必须替父亲承担的痛苦。每每这时，汉娜的大眼睛里总是泪光闪烁，她对希特勒童年时不幸的遭遇感同身受。汉娜虽然出生在中产阶级家庭，但是家里也

希特勒的女人们

31

并不富裕，只是一个普通的家庭。希特勒和她一起憧憬着未来的美好生活，也使汉娜感到了爱情的神圣。

时光如织，岁月如梭。在浪漫的季节里，时间总是不能凝固，甜蜜的岁月总是那么短暂。希特勒在与汉娜的交往过程中，得到了爱情幸福的甜蜜。汉娜也在交往中得到了人生的快乐。

两个年轻人惺惺相惜，把自己看见感受到的事物毫无保留地向对方倾诉，在获得爱情的同时，心灵也得到了巨大的慰藉。有时，天不亮，希特勒便背上画夹，来到汉娜家附近等她。汉娜每天早晨起来的第一件事情也是打开窗户，看一下在房间拐角处等待她的希特勒是否出现。她总能如愿以偿地看到一个头戴破帽子、身背画夹的穷小子长时间的在那里守候。尽管有时汉娜要耽误很长时间，可是希特勒总是不厌其烦地耐心等待。希特勒品尝了有生以来第一次真正意义上的恋爱。有这样的人爱着汉娜，汉娜也感到无比幸福。汉娜对希特勒来说，是一个永远的符号。

虽然，希特勒与汉娜打得火热，可对于两人的恋爱关系，汉娜一直没有胆量和父母公开，这使得他们之间的往来缺少了正式的祝福，也使这段感情缺乏了稳定的基础。对于希特勒来讲，由于自己是个孤儿，家里的亲属对他的感情世界根本没有人关心，他自己的事情只能自己做主。而对于汉娜来说，她想，当爱情成熟的时候，再把希特勒领到家中，向父母介绍也不迟。热恋中的他们一直没有把这个问题看成是他们感情的阻碍，期许着能得到彼此家人祝福的那一天，可是，这一天终没有到来。

时间过的很快，半年的时光过去了。在这期间，两人的感情一直很稳固，希特勒尽量满足汉娜的要求，维护着两人之间的感情，可在物质

极度匮乏的情况下，感情也变得不堪一击起来。两人之间美好幸福的爱情故事再添波澜。身材婀娜的汉娜被一位富有的企业主看中。尽管企业主并不是真心喜欢安娜，只是看中了她年轻貌美的外表，起初，汉娜对企业主的追求并没有真正的放在心上，依然和贫苦的希特勒来往着。当希特勒知道汉娜的追求者是个富有的企业主时，这不禁让他有些乱了方寸，面对这一有力的竞争对手，希特勒开始一方面找汉娜问明情况，另一方面加大了与汉娜来往的密度。汉娜对希特勒至真的爱情表示忠贞不变。可是，希特勒仍然没有找到好的工作，也没有稳定的收入，他画的画也没有什么买主。渐渐地，经济的困难让汉娜有些动摇了。在爱情与面包中间，她必须做出选择。尽管她知道希特勒对她一往情深，是发自心底里的真爱。

可是现实的生活又让她不得不重新正视柴米油盐。对于物质的空虚，希特勒想尽了各种办法，随着时间的推移，他也渐渐感到力不从心，窘迫的生活让他根本无法与情敌抗衡。这一时期，那个富商老板使出了浑身解数，不断地花钱买好汉娜的父母，还不停地给汉娜买各种各样的东西。这使得原本立场坚定的汉娜渐渐地开始动摇了。在企业主百般追求和金钱的诱惑之下，汉娜悄然地离开了希特勒，选择了富有的生活。

这一时期的希特勒，气急败坏，他想把汉娜从企业主那里重新夺回来，可是现实的经济情况，另他无计可施。他怎么能给汉娜一个一贫如洗的生活呢？这场感情争夺战中的失败，希特勒只能自怨自艾。

希特勒第一次真正的恋爱就这样失败了，这对希特勒的内心打击是很大的。在汉娜离开之后，他把自己关进了房间，终日不出门，这让房东一度以为他已经搬离了这里，当人们再次看到他时已经是一个多月以后的事了，瘦高的身体配上一张惨白的脸，这多少有些让人惊悚。重拾生存希望的希特勒重温了和汉娜在一起走过的地方，公园的长椅，街边的小摊，曾经的嬉笑都已不复存在。每当看到床头上摆放的小礼物，希特勒对汉娜的思念就会加深几分。爱情就像一把刺刀，爱得越深伤得越真。就这样，希特勒过着浑浑噩噩的生活，自己折磨着自己。

曾经有心理学家这样描述，人生初次失恋，痛苦越重，对爱的追逐就会越真诚。希特勒在感情的重创下，极度萎靡不振。在他为爱感伤的时候，第一次世界大战爆发了。希特勒应征入伍，在军营里度过了艰苦的岁月，他走上了战场，参加了第一次世界大战。正是由于这次战争，改变了希特勒的生活状态，也改变了他的人生轨迹。

在硝烟弥漫的战场上，能够生存成了人们的第一要义。所以，他们根本没有时间考虑爱情的故事。希特勒，这名奥地利的穷小子成为了一名德国士兵。这也许是天赐良机，经过了几年贫困、孤苦的生活，现在终于有机会去施展才华，追求新的梦想，这无疑是对他的怜悯。

两军对垒，军人以服从命令为天职。希特勒的梦想，是在战斗中总结经验，发展自己的未来。腼腆的希特勒本来不太适应军旅生涯。但是现实的残酷使这个年轻人逐渐改变了他的人生坐标。本来因为生活穷困潦倒。军旅生涯却给了他新的生活。在战场上，他考虑的不是吃穿住行，而是是否能活着。

军旅生涯是时代历史的要求。希特勒被分在巴伐利亚后备步兵第十六团第一营服役，担任一名传令兵。有趣的是，后来的纳粹党的副党魁鲁道夫·赫斯也在该团服役。希特勒先接受了新兵基础训练。也就是说希特勒与赫斯在部队中是战友。他们的友谊是在第一次世界大战的战壕里建立的。希特勒后来能启用鲁道夫·赫斯是和第一次世界大战中凝结的战友情谊分不开的。

　　传令兵的身份使希特勒有机会和一些中下级军官有直接的接触。在第一次世界大战中，战场虽然大多数还处于冷兵器时代，可是枪炮已经开始广泛地使用了。就在希特勒所处的部队中，经常执行一些与上级视察战场的任务。一次，新任团长来视察阵地，为了使部队在换防中处于有利的态势。地形在战场上非常重要，所以指挥官到前沿视察，是常有的事情。可是，这次非常不凑巧，他们到达了前沿阵地以后，很快被敌军发现，子弹呼啸而来。眼疾手快的希特勒及时把团长扑倒在地，致使他和团长逃过了生命的一劫。希特勒的勇敢与机智，得到了上级的嘉奖。

　　1914 年 12 月，希特勒因此被授予了一枚二级铁十字勋章，并于第二年被提升为陆军下士。

　　第一次世界大战中，希特勒一直担任传令兵一职。在艰苦的战争生涯中，他耳闻目睹了长官的工作方法与态度。这对他后来的发展提供了一定的基础。战场上，敌我双方相互角逐，他们的指挥不能有丝毫的差错。因为他们决定着许多士兵的命运。所以，他们的决策必须缜密和细致。什么时候依靠什么地形，动用多少兵力，组织哪些后勤补给，这些具体的事情都需要一一地思考。

　　人们对生活追逐的态度，是有一些不同的表现形式的。第一次世界大战中，希特勒养成了一个爱动脑筋的习惯。他经常模仿团长，假设各种各样的战事情况，采用哪些兵力部署。在战斗间歇时，他还重新拿起画笔，画下了许多战斗中的场面。据说，他后来把这些画曾经悬挂在自己元首的办公室内。

有一次，德军攻入了一个小村庄，希特勒也随部队来到了这个村庄。村庄内所剩无几的破烂房屋，便成了他们的临时休息地。在一间破乱的房间内，希特勒发现了一本关于地图绘画的图书。希特勒爱不释手地读了下去。从此以后，这本关于地图的绘画的书，便成了希特勒战场的笔记。他经常拿出来翻阅，有时也向士兵们炫耀。因为，图书的空白角落，已经让他根据自己的理解，添上了一些新的地图。希特勒每到一地，仔细观察地形，为丰富这本地图的空白页做了一些努力。这本小册子，后来便成为他自己与众不同的骄傲。

残酷的战斗，有时熬的是心智。其实，这一时期真正的战斗却没有多少。绝大多数时间，是队伍的长途奔袭，由于有一些辎重，所以队伍的行军路线和地图有关。希特勒总能在关键时刻给团长提供很好的建议。军营中枯燥乏味，下级军官中，每每在间歇时，总是谈论些女人的话题，每到这时，希特勒总是默不作声，或离开。在军营中，他从不参与关于女人话题的讨论。战场上，养成了希特勒独有的个性。这在后来体现出他处事严谨，很少谈论女人的风格。

希特勒在部队中的食量特别大，但他宁可饿肚子，也不愿接受别人送给他的罐头。他常常喋喋不休地谈论吸烟和酗酒的危害。或者一谈到历史和政治，他立刻就兴奋起来。

在整个一战中，希特勒共获得了五枚勋章，其中的最高荣誉是获得一枚一级铁十字勋章。希特勒虽然获得了很多嘉奖，可是他并没有得到提升。尽管作为普通士兵来讲，获得这些荣誉实属不易，可是这些荣誉并没有给希特勒带来地位上的变化。那枚一级铁十字勋章，是他一生的骄傲。他把这枚勋章，始终骄傲地佩带在身上，一直到死。

在第一次世界大战中，希特勒的身上的过人之处，他足智多谋，英勇顽强，没有吸烟、喝酒的不良嗜好，坚持吃素食。这在军营中带来了许多良好影响。在那个物资匮乏的时代，推广素食，减少酗酒都是军营中所提倡的。作为普通士兵的希特勒，成为当时战友中间的楷模。在枪林弹雨的战场上，他终于荣归故里。

可是，希特勒万万没想到，他拼死效命的德国在第一次世界大战中，战败了。这种结局是他作为普通一兵根本无法改变的。

因伤回国的希特勒，在国内接受了很好的治疗。让他意想不到的意外又一次发生了。在人海茫茫的大千世界中，他竟然又一次邂逅汉娜。天地总是把离奇的故事编成书给人们看。也许是上天的安排，也许是命运的缘分，又一次安排了汉娜与希特勒偶遇。此时汉娜已经跌入了生活的低谷。和她结婚的那个企业主，因为与汉娜没有真正的爱情，结婚以后，两个人总是因为小事而吵架。久而久之，两人形同陌路。汉娜原本贪图的物质财富也没有得到。那个企业主便和汉娜离婚了。离婚后的汉娜生活无依无靠，在战争经济匮乏的年代，汉娜没有办法生活，便沦为了妓女。生活的压力迫使汉娜不得不向命运低头。回想起当年的希特勒，汉娜的心里不由得有些惆怅。她悔恨自己当初的决定，更埋怨父母的贪心。

已经在精神上处在崩溃边缘的汉娜，靠堕落的思想打发着时光。就在和希特勒相识的公园中她又一次遇到了希特勒。此时的希特勒一身戎装，身上挂着金光闪闪的勋章，在阳光的照射下分外夺目。许多人都对这位风度翩翩的军人投去羡慕的目光。当汉娜与希特勒四目相对的时候，汉娜心中有些诧异。她看到今天的希特勒，再想想今天的自己，她便想转身离开。她不想让昔日的情人知道自己的近况，更不想让希特勒看不起自己。本来，回国养伤的希特勒就时常想起曾经和汉娜在一起的时光。

那个他们认识的公园也成为他经常散步的地方。这次偶遇汉娜，他开始有些吃惊，随后看到汉娜要想逃避的目光时，他便第一次勇敢地快步上前，紧紧地拉住了汉娜。昔日的情人，当意外重逢的时候，内心的喜悦与矛盾是溢于言表的。

他们来到了公园内的一个长凳上坐下，希特勒向汉娜介绍了自己的近况。而汉娜想到自己的时候，却低头不语，泪水涟涟。她怎么告诉希特勒自己的状况呢？无奈的情况下，她只是低下了头，说了一句我离婚了，泪水更多地涌出了眼窝。

此时此刻，希特勒心里早已经明白了汉娜的处境。用男子汉的双手把汉娜搂在了怀中。

天下的故事，无巧不成书。怎么会如此巧合，两个单身青年又碰到了一起。于是，他们心中重新燃起爱的火花。周围的一切，都被他们所忘记，仿佛这个世界只有他们两个人，他们紧紧地抱在了一起。希特勒仿佛怕汉娜丢了一样，与她一直手拉着手。汉娜则更加依依不舍，她不能再让希特勒从自己的身边走掉。为了这一天，她已经不知憧憬了多少次。她知道此时此刻没有任何东西能够阻止他们两个。

春天，大地复苏，万物更新。公园里百花盛开，小鸟在林间欢快地歌唱。公园里又一次留下了希特勒和汉娜浪漫的倩影。

爱情对于每个人来说，都是神圣的，也都是自私的。希特勒曾不止一次想象过他与汉娜重逢的时刻。然而，像这样在公园里再度重逢，应该说他心里还没有做好接受汉娜的准备。实际上，希特勒从来没有忘记过汉娜。他从心底里讨厌那个抢走汉娜的企业主。今天的一切，对于他来说，是一个严峻的考验。一个极其现实的问题摆在眼前了。汉娜虽然把自己的一切遭遇毫无保留地告诉了他，他也重新接受了汉娜。但是，

二战浪漫曲

内心中却有一种不可名状之苦。

当一个人静下来的时候，他还是感觉这段恋情不是十分满意的。如果当年汉娜不是放弃自己和那个企业主在一起，也许她与希特勒之间会是幸福的一对。然而，现实汉娜百病缠身，一无所有。昔日花一般的美丽也渐渐地凋零。更主要的是，她做妓女的事实，也让人心中不快。不过，转念一想，男子汉，应该具有包容之心。人们不仅应该接受相恋对方的优点，也应该接受相恋对方的缺点。这一点，希特勒付出了男子汉的情怀。从此以后，汉娜便每天在家里一个人疗伤，希特勒外出奔波自己的事业。

为了让汉娜尽快地融入自己的世界，希特勒拿来了他在战场上画的那本地图册给汉娜看。给她讲述一幕幕的战场故事。希特勒也非常坦诚地告诉她自己的真实意愿和想法，使得汉娜重新开始认识了希特勒。

对于汉娜来讲，她感觉到有一些对不起希特勒。所以，病情稍事好转，她便拼命地做好家务。希望用自己的努力能弥补当年的过失。住所让汉娜打扫的一尘不染，整洁如新。希特勒外出回来不管有多晚，都能吃上可口的饭菜。

虽然部队的纪律很严，可是一有空，希特勒还是情不自禁地往汉娜那里去。对于他来说，能找回久违了的情感，实属不易，他应该加倍珍惜。每次去看汉娜，他总是送给汉娜一束玫瑰花。这使得汉娜的房间内花香怡人。领略了这一切，汉娜的精神也好了许多，病情也得到了控制。

可是，希特勒与汉娜交往的消息，很快就传到了希特勒的圈子中。因为，妓女是德国社会所不齿的社会渣滓。与妓女交往，是伤风败俗的事情。希特勒的战友们不止一次地告诫他，不要给他身上的铁十字勋章抹黑。这样一来，在希特勒生活的周围，形成了强大的舆论圈。使得希特勒感到了无形的压力。

生活中，希特勒渐渐地变得沉默寡言，他最初见到汉娜时脸上的那些笑容也不见了。他心里背着巨大的包袱。取而代之的是他紧锁的双眉、严峻的目光。汉娜本来跟他有说有笑，可是最近一段时间，两个人见面以后，却不知所错，也不知道说些什么。希特勒只是一个人在汉娜的身边走来走去，踱着步。而汉娜便在旁边闷不作声地坐着。偶尔汉娜想说点什么，却一时又不知从何说起。

她似乎猜透了这位胸前佩戴铁十字勋章军人的心思。汉娜的泪水不知不觉中流了出来。面对着汉娜所做出的一些反应，希特勒依然是不作声响。

这一时期，希特勒的耳边的抱怨声，此起彼伏。亲朋好友们都在规劝希特勒不要再跟这个做过妓女的人再有什么联系了。本来重新见面，两个人各自不同的人生轨迹都已经发生了变化。

再次相逢，尽管双方都小心翼翼，倍加珍惜，由于双方的实际情况，生活范围都有很大的距离。这样他们之间的矛盾就在所难免了。有些战友们不顾情面，遇见他们两个在一起的时候，总是拿他们取笑。这也让汉娜心中不快，在望着希特勒那严峻的眼神，汉娜的心里有些崩溃了。

实际上，两个人在一起，对方一丝一毫微小的变化可能都会被另一方所觉察。关于汉娜的变化，希特勒也是心知肚明的。可是，耳边充满着流言蜚语，也使希特勒不得不有些动摇了。

因为，他们生活的周围毕竟不仅仅是他们两个人。他们的生活周围的大多数人听到妓女这两个字，便都认为是和道德修养毫无关系的字眼。

希特勒努力挣扎着，他尽量表现出表面上的平静，不想给汉娜带来痛苦。对于希特勒的种种表现，汉娜也是心里明白的。她的内心也想彻底地和以前走不一样的道路，可她又不能对所有的人去表明心迹。她希望希特勒能够真正地读懂自己。

她决定与希特勒好好谈一谈。希望能够重新回到他们预想的轨道上来。可是，希特勒这几天非常繁忙，总是没有时间停下来认真地听一听汉娜的所思所想。有时，医院和部队的要求都很严，他不是所有的时间都可以去听汉娜的倾诉的。

在汉娜的心中，还是想争取希特勒和自己重归于好。可是，在等待中，她胡思乱想。尽管希特勒已经告诉她军营的生活身不由己，可汉娜还是不相信希特勒没有时间。她认为由于自己妓女的身份，已经影响到了希特勒正常的生活，因此，希特勒才有意疏远了她。左等不见人，右等不见人。

在等待中，汉娜耗尽了对生的希望。就在希特勒与汉娜重新见面的三个月以后，在他们相识的公园内，汉娜做出了轻生的选择。她投湖自尽了。

听到汉娜投湖自尽的消息，在医院里的希特勒不顾一切地来到了公园，他迫不及待地想见到汉娜。因为他不相信汉娜会离他而去。可是，当他来到湖畔边，拨开围观的人群，见到汉娜最后一眼时，他惊呆了。汉娜已经永远地离开了他。这个无辜的女人，死在人们世俗的偏见和白眼中了。希特勒为自己的不坚定而感到懊悔。他开始仇恨那些曾经讲过汉娜坏话的人了。

汉娜的家人更是气愤异常。他们把所有的过错全都归咎在希特勒身上。他们想，如果不是重新遇见了希特勒，汉娜的生活虽然不好，但也不至于选择轻生这条路，是希特勒害了她。而希特勒则变成无辜的受害者。

德国战败以后，希特勒依然在军队里工作。他进入了第二兵团调查委员会，主要负责搜集各国的军事情报。希特勒在这个工作岗位上干得非常出色，深得上级赏识。后来他被派往军区司令部政治部工作。这一时期，希特勒接触了大量的军营里的高级军官。他的身份和社会地位都有了新的变化。他开始了仕途的新征程。

二战浪漫曲

忠实的知音

二战
浪漫曲

历史总是在人们意想不到的地方书写着传奇。在希特勒身边众多的女性追随者中，她是一个例外。这个女人就是德国著名音乐世家——瓦格纳家族的儿媳，威妮弗雷德·瓦格纳。

幼年时期的威妮弗雷德没有感受到亲情的温暖。自出生后，父母就因她是个女孩儿而冷落她，而小小的她在学会说话、走路后就已明白这个事实，所以，在父母死后，她并没有太过悲伤。此时的她是一个出生在英国孤苦伶仃的女孩，幸好，孤儿院收留了她，在那里度过了10年的时光。但在孤儿院生活期间，沉闷的日子让她厌烦，生活的凄凉、困苦迫使她想要早一点逃离这里。她以为自己会一辈子过着庸庸碌碌的日子，就像自己的父母一样，从未想过理想、奋斗的目标是什么。

想要逃离这个毫无生气的生活圈的想法越来越强烈，她曾试图自己生活，但现实的生活困难很快打破了这个幼稚的想法，她对自己的未来似乎有些失去信心了。在她看来，自己并不像孤儿院其他的孩子那样，被人厌弃，最起码自己曾经也有一个不算温暖的家，自己是在不得已的情况下才来到这，但现在看来，自己一直坚持的想法并没有给自己带来任何的转机，这使她不禁责怪起命运的不公。但之后发生的事证实，命运并没有遗忘这个可怜却自尊心极强的女孩子。

1907年秋，威妮弗雷德入住了孤儿院，并在那里度过了童年中的十个年头。孤儿院由于缺乏家长悉心的照顾，在长期居住在潮湿的环境下，威妮弗雷德患上了皮肤病，全身起满了红疹，奇痒难忍。就在给她医病的过程当中，孤儿院得到了一个消息，威妮弗雷德在德国还有一个亲戚。经过多方打听，得到了确切的消息，而这名亲戚也愿意收留威妮弗雷德。在她医治好皮肤病之后，那个亲戚将她接走。接走她的亲戚就是她后来的养父。今天，她终于可以离开了自己童年厌倦已久的地方。面对昔日一起生活过的伙伴，她还是有些不舍。但当她坐上车子到新的生活环境的时候，伤感之情很快便被冲淡了。毕竟她还是个孩子，有着最单纯的想法。威妮弗雷德在养父家度过了比较快乐的童年时光。

瓦格纳家族的成员是当时德国社会音乐的名流。在这个家族中，人才辈出，几代人都是德国的文化艺术名人。偶然的机会，使得威妮弗雷德与这个联姻，从此改变了威妮弗雷德的一生。正是威妮弗雷德出现在交际圈内，闯入了希特勒的生活中，也使希特勒的生活发生了翻天覆地的变化。在希特勒生活困难的时候，是威妮弗雷德的一再帮助，才使希特勒度过了一次又一次的难关。

威妮弗雷德在德国的养父是李斯特的爱徒，并且是瓦格纳的生前好友。她的养父热爱德意志民族，喜爱瓦格纳的音乐作品，崇尚传统音乐的质朴，并认为在传统与现代音乐的碰撞中，传统音乐仍然是未来发展的主流。在养父的影响下，威妮弗雷德也对传统音乐有了另一番领悟，这对她以后的音乐之路埋下了伏笔。

瓦格纳家族的音乐是有着悠久的传统，当时代进入了第一次大战结束以后，这个家族的音乐开始出现畸形，它有着和希特勒一致的狂热纳粹精神，反对犹太人。这种主张和希特勒的主张基本一致，所以这使得威妮弗雷德日后成为希特勒朋友的事实也就不奇怪了。

每一个小孩都希望自己早点长大，这样就听不到父母的唠叨，不用承受老师的责罚，有一些时间可以自由支配，而日子正是在这样的期盼中穿梭。转眼，威妮弗雷德已经长成了一个亭亭玉立的女孩。在养父的教育下，她有了一个新贵的身份。她接受了最好的教育，自小便好胜的她在各个方面都很出色，而她也成为了养父的骄傲，每次出席上流社会的宴会，养父都会让她陪同。渐渐地，上流社会的纸醉金迷也浸染了这个把虚荣心深埋心底的姑娘，她渴望自己的才华能够被认同，而现在所欠缺的是一个展现才华的平台，机会终于出现了。

1914年7月，虽然第一次世界大战爆发，但这并没有影响上流社会的人们享受生活。威妮弗雷德和养父应邀参加了瓦格纳音乐节的彩排。这时与瓦格纳家族有了密切的接触，让她遇到了自己终生的丈夫——瓦格纳的儿子西格弗里德。这位年轻帅气的小伙子被美丽大方的威妮弗雷德深深地吸引住了，她身上特有的魅力正是身处家族束缚的西格弗里德所追求的。经过了一年短暂的接触之后，威妮弗雷德成了瓦格纳家族的儿媳，从此登上了上流社会中的豪门，成为上流社会的一位贵妇人。

雍容华贵的威妮弗雷德不仅拥有姣好的面容，而且善于交际，是一个很有主见和前瞻性的女人。当她在瓦格纳家族举办的一次音乐会上见到希特勒时，经过简短的交流之后，她发现希特勒拥有敏锐的洞察力，而且对事物的见解很是独到，这也只是对希特勒个人能力的肯定，但当时并没有想到未来的时局会由他掌控。威妮弗雷德愿意与希特勒往来，倾听希特勒的心得。已经有一段时间没有任何女性走入的生活了，这时威妮弗雷德的出现，使得希特勒心里增加了一丝萌动。威妮弗雷德的良好教养和落落大方的优雅气质吸引了希特勒，他也愿意和这位少妇往来。威妮弗雷德不仅给了希特勒多方面的资助，更主要的是在生活上给他细致入微地关心。使得希特勒的生活变得有条不紊，不仅衣着整齐，而且精神抖擞。他每次出行的时候,脸上都带着蔑视一切的自信,这后面的精神支柱就是威妮弗雷德。

社会动荡带来了经济的大萧条,复杂的德国政治形势出现了新的变化。1923年11月,希特勒发动啤酒馆政变失败后,被捕入狱。可是一些极端纳粹分子把希特勒当成他们崇拜的偶像,即使希特勒被关进监狱,他们的活动依然没有停止。此时的威妮弗雷德已经对希特勒由最初的欣赏转变成了崇拜。在得知希特勒被捕之后,她经常到狱中看望希特勒,在希特勒承受精神和肉体双重折磨的时候给予了他精神上的慰藉。当得知希特勒要在狱中检讨既往,展望未来,准备写一本著作时,又为他捎去所需的大量纸张。在她和毛里斯的帮助下,《我的奋斗》一书写作进展顺利。监狱的生活使他能放下心里的各种杂念,把所有的精力都凝神聚焦在《我的奋斗》一书上。在监狱里,一直跟随在希特勒身边的毛里斯充当了秘书的身份,帮助希特勒完成了一些事情,才使《我的奋斗》一书顺利地出版。而身为上流社会的贵妇,威妮弗雷德不仅以身涉险,同时不顾自己的身份,公开发表言论,宣传希特勒在《我的奋斗》一书中的思想,她为希特勒的《我的奋斗》一书的出版立下了汗马功劳。

这本书十分重要,是希特勒野心勃勃要改造德国、征服欧洲、霸占世界,建立德意志第三帝国的宏伟蓝图。

希特勒将大量的心血花在《我的奋斗》一书的创作中,他在书中表达了当时内心中全部的思想,并且是将这些思想具体应用到实际的问题上面。他不仅要将一战战败后饱受磨难的德国提升到较之以前更高的国际地位上,并且要建立一个全新的德国。这个全新的国家要以日耳曼种族为主导,要建立起"元首"的独裁统治,在"元首"之下是一群起着承上启下作用的重要人物。在书中希特勒说:"强者的独裁统治便成为王者。"由此可见,《我的奋斗》一书的内容,首先是第三帝国梦想着成为"地球上唯一的主人",并为此积极谋划,不懈奋斗着,这也是希特勒极端右翼主义思想赤裸裸地表达。

《我的奋斗》是一本宣扬为达到目的而不择手段的马基雅维利式政治学说。文艺复兴时期的一个词terribilta,其含义就极端胆大妄为、目空一切、当机立断和冲破一切障碍的可怕决心。这一切都包含在这本书中。

威妮弗雷德之所以对希特勒"情有独钟",是因为他们相近的经历给了两人彼此欣赏的契合点。在两人成长的过程中,都遭受了家庭的变故,一个是很小的时候就成为了孤儿,另一个是在成年之后失去了双亲。窘迫的生活给他们带来了太多的磨难,使他们承受了常人难以想象的困苦。假使威妮弗雷德没有碰到好心的养父,她不可能接受良好的教育,并且经过自己不断地努力,终在音乐上小有成就,更不可能接触到瓦格纳家族,成为其家族中的一员,从而改变了自己的命运。但命运就是好捉弄人,总是在人山穷水尽之时,给人以柳暗花明。现在看来,威妮弗雷德无疑是被命运捉弄后,找到美好生活之路的人,显然她是幸运的。

威妮弗雷德和希特勒各自有着不同的生活经历。而希特勒在母亲去世之后,现实让他不得不放弃一心成为画家的梦想。在社会现实的浪潮中,希特勒成为了第一次世界大战中的一名士兵。在炮火硝烟中,凭借着自己的勇敢与智慧,荣获了一级铁十字勋章在内的五枚奖章,因而逐渐改变了自己的命运。不幸的遭遇,共同的磨难,让威妮弗雷德与希特勒感同身受,她认准了希特勒未来的发展道路。

生性腼腆的希特勒,在第一次世界大战的炮火硝烟中改变了一些个性,他变得偏执,但是已经不再腼腆了。在众目睽睽之下,他已经锻炼成有公开讲演的才华了。希特勒身上的勋章就是他打开听众与他沟通的金钥匙,再加上他讲演的内容不仅能够抓住听众的心,而且极富煽动性,他用狂热的纳粹精神武装听众。在政治思潮泛滥的时期，人们的心里有些不知所措。第一次世界大战的履历加上绝佳的口才为初登政治舞台的希特勒带来了众多的追随者。

在啤酒馆暴动失败以后，希特勒被捕入狱，而威妮弗雷德在希特勒困难之际，向他伸出了援手。关于威妮弗雷德和希特勒的友情，希特勒终生难以忘记。他们之间的故事不仅像情侣，更像姐弟。历史无法假设，我们也无法判断当时的历史真相，只是觉得在希特勒的生活中，威妮弗雷德对他来讲是一个极其重要的女人。

刚刚从一战战场走出的希特勒，生活很是拮据，幸好在他窘困的时候得到了威妮弗雷德的资助。朝不保夕的日子希特勒曾经也尝试过，那是在他想成为艺术家的时候，那时他对生活质量并没有太多的要求，只是执著于自己的理想，但经历战争洗礼的他已经对自己的人生有了更加长远的规划，他为这个规划而脚踏实地地努力奋斗。

正因为如此，使得希特勒成为了威妮弗雷德倍加崇拜的对象，以致在他如此窘迫的境况下也没有放弃对他的认可。在希特勒出狱后的日子里，威妮弗雷德担负了他生活的全部所需。无论是在饮食还是生活起居上，威妮弗雷德都给予了关心，有时在空闲的时候，她还会亲自照料，这让希特勒大为感动。在那个经济匮乏的年代里，家境殷实的威妮弗雷德，经常会给希特勒带一些奇缺的商品，这不仅改善了希特勒的生活，也让他对这个世界有了更深层次的认识。

日子一长，两人的交往过程中，希特勒对威妮弗雷德的感激之情是不言而喻的，而威妮弗雷德对他无微不至的照顾又仅是崇拜和敬仰能够解释的吗？历史见证了希特勒成长的过程，而在这个过程中，又有太多的人平添了几份力道，勾勒了几处晦暗的色彩，而威妮弗雷德在希特勒的人生轨迹中，无疑加重了这力道的色彩。在希特勒当上德国总理以后，瓦格纳家族也因威妮弗雷德的关系得到了不少的好处，而且在政治方面也给予了很多的关照，这和威妮弗雷德多年的付出是分不开的。

就在啤酒馆暴动的那段日子里，希特勒开始组织纳粹活动，为了使自己的思想能够让更多的人了解并得到他们的支持，善于雄辩的希特勒经常出席一些聚众场所。为了给人们留下深刻的印象，希特勒非常注重生活细节，而且对生活品味也有了更高的要求，这下可忙坏了威妮弗雷德。有时，为了使希特勒衣着得体，威妮弗雷德会亲自为他挑选衣服，搭配饰品，在每次出门前都要提醒他应该注意的事项。她就像照顾自己的家人一样，对希特勒的每一样事情都是那么的专注，对于希特勒喜欢吃的菜，她会为了满足他的口腹之欲而耐心地学习烹饪，记住他的喜好，有时还会为他准备了小礼物，使他感到惊喜。

威妮弗雷德已经渗透到希特勒生活中的每一个角落，当希特勒因啤酒馆暴动被捕入狱之后，他开始有些自暴自弃，终日不见天日的牢房正在一点点吞噬着他的生活热情，在威妮弗雷德探望他的时候，也曾多次听过他消极的言论，这不免让威妮弗雷德有些担心，因为她始终认为希特勒并不是一个平庸之辈，如果因此迷失了方向，或者丧失了奋斗的决心，那么将是多么可惜的事情。

为了帮助希特勒树立战胜当前困难的决心，威妮弗雷德凭借瓦格纳家族儿媳这一有利的社会地位，为希特勒疏通人脉，多方奔走，四处打点，才使得监狱的看守不至于过多地为难希特勒。在她的帮助下，希特勒把监狱当成了课堂，阅读了大量的书籍，并在阅读的基础上开始着手写作《我的奋斗》一书。威妮弗雷德不仅为希特勒准备了纸张和打印机，还是这部书的第一个读者。每当希特勒写完一段，总是让她第一个审阅。尽管其中的一些观点威妮弗雷德并不十分的清楚,但她依然对每一个篇章都认真地研读,有时还会针对某一点提出自己的看法。希特勒的《我的奋斗》一书进展得十分顺利。那个时候,尽管威妮弗雷德有许多事情要做,可是每一天她都把看望希特勒作为最重要的事情。有时,她还能通过看守给希特勒和毛里斯送些可口的饭菜,使得希特勒在监狱中度过非常宝贵的学习创作时间。

依照威妮弗雷德的社会地位,她不至于费力帮助近乎于穷光蛋的希特勒。从客观的角度可以看出,威妮弗雷德对希特勒的帮助是十分有意义的。希特勒的思想也为这位酷爱艺术的贵妇指明了生活方向。在两人的交往中,威妮弗雷德心里有什么故事,都愿意与希特勒分享。希特勒总是帮助威妮弗雷德在人生的十字路口的关键时刻给出最恰当的建议。在威妮弗雷德嫁到瓦格纳家族时,这个家族已经在德国的上流社会中很有名气,而她在艺术上所取得的成就得益于这个家族几代音乐人奠定的社会影响,这让威妮弗雷德在艺术道路上的成长有了大踏步的前进。艺术本身就是一种抽象的带有人为艺术形态的生活状态的展现形式,依个人对艺术的不同理解,使得艺术本身呈现多面性和不同的风格。随着对艺术追求层次的提升,个人之间对艺术本身的理解会存在偏差,彼此之间的争论是在所难免的,而瓦格纳家族之间的分歧也大多围绕于此。在这个背后,一股更大的暗流却显得更加汹涌,在家族中的艺术地位成为了这股暗流的主导。威妮弗雷德总是把家庭内部的一些具体矛盾讲给希特勒听。希特勒也总是不厌其烦地帮助威妮弗雷德梳理来龙去脉,把握住主要矛盾,帮助她认清事物的本质,把矛盾彻底解决。

实际上,对艺术理解的偏差是人之常情。每个人都不可能把自己对艺术的理解强加给别人。有一次,威妮弗雷德为希特勒介绍了一幅油画的缩样,有一定美术功底的希特勒,并没有在这幅油画中发现什么异常。倒是威妮弗雷德在油画中不起眼的几处小点上看出了问题,认为这个缩样是在赝品基础上拍摄的。威妮弗雷德的发现让希特勒感到吃惊，从此在探讨美术方面的问题上，再也不会小看威妮弗雷德了。几天以后，答案公布了，威妮弗雷德的观点是正确的。

在交往的过程当中，希特勒敏锐的目光，总是让威妮弗雷德受益良多。她们家的大事小情也成了希特勒了解社会情况的一个缩影。希特勒也为能够有威妮弗雷德这样真诚的朋友而感到幸福。在威妮弗雷德看来，她只不过是尽了一个朋友的义务，她希望她身边的人，每一个人都能生活在幸福快乐当中。她和希特勒的相识，只不过是人生过往的一段朋友情。威妮弗雷德从善良的人性角度出发，在生活、工作等方面竭尽自己的所能帮助希特勒的做法也是在生活中随处可见的。关于希特勒后来能当上德国的总理，国家元首，以及后来的第二次世界大战的发动者，这些都是威妮弗雷德始料未及的。

人生是变幻莫测的舞台，没有人能够预计明天的命运将走向何方。只是大家不约而同地按照自己的希望在努力，在奋斗。至于能有多少人能够实现自己的希望，那就是一个未知数了。希特勒的政治主张能够得以施展以及它所产生的轰动效益，和德国当时的社会形势以及民众的盲目崇拜是分不开的。威妮弗雷德则是与其他的崇拜者不同，这是朋友之情，她默默的付出也是对希特勒的认同和肯定。威妮弗雷德也是一个狂热的纳粹积极分子，她跟希特勒的往来，不仅是朋友之情，政治观点相近也是他们之间相互往来的机缘。

在希特勒一生的政治生涯中，《我的奋斗》一书是一个重要的里程碑。能够在监狱里完成这样的著作，其困难程度是可想而知的。设想一下，如果没有威妮弗雷德的帮助，以及毛里斯等人的支持，这部书是不可能问世的。

啤酒馆暴动以后，希特勒被判入狱，开始希特勒的脑海里还沉浸在

暴动的事情上，随着时间的推移，监狱里寂寞难耐的生活使他的心绪慢慢地平静下来。他把大量的时间用于思考自己的过去与将来，他在不断总结自己人生道路的同时，也对未来自己的理想和希望做了规划。他不厌其烦地把自己的想法，写在草纸上，经过反复地修改，再加上他听取了威妮弗雷德等人的一些建议，使得《我的奋斗》一书逐渐完善。不管《我的奋斗》一书内容如何，但却是希特勒当时生活思想的真实写照。可以想象，希特勒等人为了这部书付出了一定的代价。终于，希特勒在朋友的帮助下，完成了《我的奋斗》一书的手稿。威妮弗雷德四处奔走呼号，为出版发行《我的奋斗》一书不遗余力。

在当时的一些政治集会中，虽然希特勒并不在场，而威妮弗雷德却替希特勒宣传《我的奋斗》一书。使得这本书在当时的集会上有很好的销量。也许在希特勒发迹后，没有人记得威妮弗雷德为发行《我的奋斗》一书所做的工作，可是威妮弗雷德因为帮助希特勒《我的奋斗》一书的出版曾经所做的努力心里感到十分充实。伴随着希特勒逐步走上政治舞台的过程，《我的奋斗》一书逐步成为畅销书。

《我的奋斗》这本书中，大肆宣扬了在全世界范围内保种保族的大问题。希特勒认为，生命就是一场没有穷尽的斗争，适者生存、弱肉强食、优胜劣汰永远都是不变的生存法则。书中也提到：人类就是同大自然永恒的斗争中进化而来的，又在永恒的斗争中寻求到了新生的力量，从而不断地发展壮大，在持久的和平中人类只会灭亡。凡是想要生存下去就必须斗争下去，尽管这很残酷无情，却是一个不争的客观现实。还有我们的任务就是，把雅利安民族在政治上统一起来，要建立一个纯洁的种族。我们要使雅利安民族强大起来，要让雅利安民族成为地球上唯一的统治者。

虽然历史不止一次证明希特勒的观点是荒谬错误的。即便如此，希特勒还有另一个经常被人们所疏忽的特质，那就是一种偏执的理解能力。他能让人们按照他的理解去思考问题，这些特点在大型集会的辩论中就可以体现出来。在短暂有效的时间内，他必须比普通人有一定的高度，他的回答才能令听众信服，才能引领一些狂热的崇拜者。

　　朋友之间会有很多共通的地方，对生活的追求，对未来的规划以及生活中的一些小细节都能够影射出两者之间的默契，而这种友情的最高境界莫过于思想观点的相近，希特勒和威妮弗雷德之间的友情就是如此。希特勒的一些想法在一些时候是与威妮弗雷德的观点不谋而合的，他们犀利的眼光能够捕捉到事物的独到之处，进而将这一特质不断地夸大。但有时他们之间也会存在矛盾、分歧，当为了某一观点争论不休的时候，希特勒往往会表现得比较强势，能言善辩的他会找来各种事例来维护自己的立场，两人争论的最终结果可想而知，妥协的多半都是威妮弗雷德。她用女性特有的善良包容了希特勒身上的一些缺点。有时，希特勒不拘生活的小节，不讲究言辞，有时也会伤害到威妮弗雷德的自尊心。女人柔弱的内心让她有时很难释怀希特勒对她的中伤，也会耍小性子躲他一段时间，想要他意识到对自己的伤害，进而关心、体贴一下自己，但这样的想法又很快被她自己作废，因为她知道希特勒的心一直都倾注在政治上，又岂会为自己改变呢？想想都觉得愚笨，自己看重的不就是他的大男子主义吗？在欣赏希特勒身上优点的同时，她也包容了希特勒身上的缺点。希特勒与威妮弗雷德是绝妙的情感搭档。当希特勒意识到自己的一些言行可能伤害到威妮弗雷德的时候，他总是耐心地用自己独特的方法做出合理的解释。有时，尽管不能自圆其说，但是威妮弗雷德也愿意相信那些天方夜谭的编造。

　　希特勒所宣扬的日耳曼主义，是一种狂热的纳粹民族主义情绪。尽

二战浪漫曲

管他的理论是荒谬偏执的，却是迎合德国一些想要建立纳粹独裁统治的人的心理。今天看来，这些在全世界建立独裁统治的理论，是不可实现的。然而在当时的德国，却风靡一时。

在《我的奋斗》里，希特勒的内心有一种憎恨情绪，世界上所有的国家除了意大利以外，许多国家都是他所憎恨的。他把世界的各个国家按照个人的喜好，分成了新的阵营。对法国人，不知何故，希特勒怀有极度的轻蔑。而对英国人，希特勒周围有许多英国人朋友，尤妮蒂就是其中一个。因此，他对英国人，怀着一种很复杂的心理状态。是恐惧？是敬畏？就连他自己也没有在文章里说清。可能由于当时的时代背景，他的书中很少提到苏联人，关于苏联人的看法，也没有形成系统的概念。实际上，他的一生就是因为有一种狂妄和蔑视心态，才决定了他的命运。

尽管对不同的国家希特勒有着不同的看法，但是希特勒却对各个国家的不同艺术比较钟情。希特勒在青少年时期，就特别喜爱瓦格纳的作品。他对那些流行在德国人心目中的轻松古典音乐兴趣十分浓厚。甚至有人说希特勒是在瓦格纳的作品里，提炼出德意志民族主义、反犹主义的理论基础。瓦格纳的音乐对希特勒的影响是深刻的。瓦格纳家族世代以来秉承着反犹主义，瓦格纳可以说是反犹太人的典型代表。在这种文化思潮的影响中，德国的音乐加入了政治元素。有些政治元素是人为的，也是瓦格纳家族所存在的时代特点所决定的。而他们的继承者更将这种种族主义观念一代一代的传承。威妮弗雷德嫁入豪门，在瓦格纳家族生活，深受这个家族的影响，因而继承了家族的传统。威妮弗雷德担当起瓦格纳家族承前启后的传承人，她把她自己的音乐梦想与德国国家的命运紧密相连。由于她和希特勒的友谊，使得她的思想更加受到了希特勒的影响。从而使她在音乐的道路上畸形的发展。艺术就是艺术，如果把任何艺术披上了政治的色彩，艺术就会打上时代的烙印，而其生命力也变得十分有限。

在希特勒喜欢的艺术门类中，他最喜欢的是美术和音乐。美术是机缘于他孩提时的一种追求，音乐则是受到了瓦格纳古典音乐的影响。他十分欣赏威妮弗雷德的艺术修养。

在威妮弗雷德与希特勒交往的过程当中，威妮弗雷德经常给希特勒讲述德国音乐发展的历史故事。使得希特勒在增长知识的同时，对艺术的看法也上升到了一个新的境界。原本希特勒对美术感兴趣，对艺术的追求也有无限的憧憬。虽然没有经过系统的学习，但是经威妮弗雷德的指点，在耳闻目染的过程中，希特勒的艺术欣赏力也得到了提升。

经历了第一次世界大战之后，惨败的德国正在承受着来自社会各方面的考验，经济萧条、生产力落后等问题都是战后急待解决的。尽管音乐在德国有众多的乐迷，可是因为经济的萧条，也导致了许多产业链条中断的连锁反应。当时，已经筹备许久的瓦格纳音乐节，甚至已经确定了时间、地点，并装置了舞台，却因为资金不足而被迫停办。由于事先工程浩大，除了主会场之外，还有一些分会场。尽管瓦格纳家族当时有一定的经济实力，但是在经济萧条时期也显得力不从心。致使瓦格纳家族在流产的音乐节上蒙受了不少的经济损失。动荡的德国社会为希特勒提供了千载难逢的政治机会。也正是在这一时期，他有幸结识了威妮弗雷德，并在人生低谷时期得到她的帮助。时势造就了希特勒的成功，他领导的纳粹势力在经过一系列的筹谋之后，其势利得以迅猛发展。已经有了一定政治权势的希特勒，为了报答威妮弗雷德多方的关照，从政治上也千方百计地帮助瓦格纳家族，使得这个家族减少了损失，度过了经济困难时期。这时，威妮弗雷德已经成为一个虔诚的德意志民族主义者、反犹太主义的激进分子。共同的音乐爱好，坚定的纳粹思想，使得两个人巩固了长期的友谊关系。

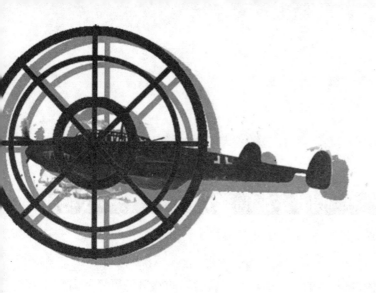

非同寻常的恋情

非同寻常的恋情

世界上的爱情都是美妙的，一路走来，希特勒的感情经历复杂多变，他有过很多段恋情，然而希特勒自己也承认，他与格莉·劳巴尔的恋情是最刻骨铭心的。在这个过程当中，许多外人百思不得其解。可希特勒自己的内心却是丰富多彩的。

伴随着希特勒事业的蓬勃发展，1928年，他当上了纳粹党的党首。就在这个时期，希特勒四处演讲，赢得了无数选民的支持。这其中有大批的德国妇女也被希特勒出口成章的口才所吸引。他的姐姐安吉拉，虽然和他是同父异母，但他们的关系却一直相处融洽。当姐姐从家乡带着女儿来看望这个风头正劲的弟弟希特勒时，没想到却意外地铸就了希特勒与外甥女格莉·劳巴尔的恋情。

历史总是为一些人提供了得天独厚的表现舞台。1928年，德国正处于社会动荡的发展时期，这一时期希特勒踌躇满志。他已经完成了从流浪汉到士兵到党首的蜕变。翻天覆地的变化，致使希特勒的脸上流光溢彩，每天嘴角都带着笑容。他是一个有着一流口才的演说家。在大庭广众之下，他总能切中要害，抓住人们的心理，使人们得到满意的答案。就在希特勒不断前进的时候，外甥女格莉·劳巴尔来到了他的生活中间。那年，格莉已经20岁了，正值花样年华。她有着德国人特有的教养和学识。再加上美丽的外表，令许多青年才俊为之倾倒。洁白的皮肤，高挑的身材，再加上一双美丽的大眼睛，十分迷人。

恋爱的内容是相似的，但是处于恋爱的人的心理却是各有不同的。第一次见到格莉的希特勒，就对外甥女颇有好感。男女之间一见钟情本是一件情理之中的事情。而希特勒与外甥女的一见钟情，这种置伦理于不顾的恋情，却让许多后来的人质疑。

在希特勒的家乡，奥地利小城林茨，1908 年出生的格莉·劳巴尔，父亲是一名小职员，母亲就是希特勒同父异母的姐姐。

1923 年 11 月 9 日晚，是希特勒的经历中重要的时刻。通过啤酒馆暴动，希特勒被执政政府关进了监狱。

格莉人生当中第一次见到自己的舅舅，正是希特勒落难之际。兰德斯堡监狱是一个戒备森严的监狱，希特勒暴动失败以后，就被关押于此。当时，德国对政治犯关押的人数较多，由于革命的思潮不断发展，德国政府对一些政治犯也束手无策。在这些政治犯中，就包括希特勒。

听说希特勒被关进了监狱，姐姐非常着急，便急忙赶到监狱前来探望。安吉拉是带着格莉一起到监狱探望弟弟。望着弟弟憔悴的身影，姐姐内心非常心疼。可是外甥女格莉却对舅舅的印象与安吉拉有所不同。在一位青春少女的眼中，舅舅是一位有思想，有智慧的男子汉。他的思想智慧比起他的消瘦外表不知要高大多少倍。

这次相遇，对于见多识广的希特勒而言，并没有产生太多的印象。而相反，格莉的心里却产生了巨大的影响。她的脑海里不时地闪烁出舅舅那夸夸其谈讲演的形象。舅舅已经在她的心目中是一位优秀的男人。

格莉再次遇见希特勒，是希特勒走出监狱为夺取政权而做准备的时候。这一时期，希特勒忙于政务，根本无暇理会外甥女的感受。格莉和同学们到慕尼黑去旅游，希特勒知道后便把她安排在朋友那里。格莉从舅舅的朋友布鲁克曼夫妇那里听到许多关于舅舅的故事，格莉和同学们都为认识希特勒这样的名人而感觉到自豪。尽管他们的小小年纪还不知道希特勒从事的事情的具体情况，但是他们对希特勒能够组织起纳粹政党而发自内心的佩服。格莉更是时常回忆起那天见到舅舅演讲的场面，心中不禁有了仰慕之情。希特勒的演讲口才的确具有极强的煽动力，更会用语言抓住别人的心。

格莉毕业后不久，为了选择更适合自己的发展道路，她和母亲来到了慕尼黑投奔舅舅。格莉则被安排到慕尼黑的一所医科大学。虽然在医科大学当中，她却不务正业，无所事事。尽管希特勒帮她做出了多项选择，为她安排学习音乐，希望有朝一日能成为歌剧演员。格莉天生不是这块料，再加上懒惰成性，致使希特勒的安排多半枉费心机。不管是慕尼黑多么有名的艺人，格莉也总是学了一两天就没了兴趣。相反，格莉倒是对游山玩水旅游的事感兴趣。她对看到过的美丽风景，不管多长时间，都能如数家珍地倒背如流。可是，一谈到学习音乐的事情，格莉便没了情绪。她希望自己能在舅舅的护翼下，快乐成长。希特勒在忙于政务的同时，没有忘记这位外甥女的学业。他给格莉找来了最好的老师来教他弹钢琴，教他试听练耳，培养音乐细胞，学习音乐基础知识。原本格莉还对音乐还有一些兴趣，经过老师的授课，尤其是反复训练，让她心烦意乱。渐渐地，她感觉到学习音乐也是很乏味的。她便开始三天打鱼两天晒网，应付了事。由于格莉的种种行为，老师感觉很无奈。尽管希特勒在她学习钢琴的过程当中，花了很多的费用，但是，格莉依然是我行我素。她对希特勒的做法并不买账。她追求的是随心所欲自由的生活。她和那些持之以恒的努力学习的人根本格格不入。一来二去，她与做歌剧演员的梦想就越来越远了。

世界名城慕尼黑，拥有着灿烂的文化和悠久的历史。许多世界名人聚集于此，世界各地的特色饮食文化也汇聚于此。闲暇时，希特勒偶尔也会

二战浪漫曲

把外甥女带在身边一起去品尝汇集在慕尼黑的世界各地的美食。这让格莉的心情逐渐好了起来。酒席宴间，总会听到格莉那爽朗的笑声。不过，她讨厌希特勒带来的崇拜者或随从。因为在吃饭的过程当中，他们讨论的事情总是和格莉的想法截然相反。她根本不愿意思考他们所谈论的话题。因为他们所谈论的政治问题，她一点都不感兴趣。一进餐厅，她的所有的注意力都被餐厅典雅的装饰所吸引，有时她不顾周围人们的看法，东张西望，四处打量着自己感兴趣的装饰。她对窗户周围的雕饰很感兴趣。她和希特勒讨论起这个话题时，也会引起希特勒的浓厚兴趣。因为希特勒所掌握的美术知识和雕塑知识相关相近。所以，格莉的话题也会在希特勒的脑海里留下深刻的印象。就餐结束以后，他们的话题还没有结束，有时送格莉的车子已经回到了她住处的地方，她与希特勒探讨的雕饰问题还没有结束。余兴正浓的时候，希特勒不止一次地来到自己给格莉安排的住所，继续他们谈论的话题。这样一来，希特勒渊博的知识渐渐地吸引了格莉的注意力。她认为舅舅不仅在政治上很有建树，而且在艺术上的造诣也很独到。希特勒作为男人的魅力，越来越吸引外甥女格莉了。这一时期，由于格莉好吃懒做的个性，也在周围的朋友中引起了非议。也由于她我行我素的性格，渐渐地身边的朋友越来越少。大家不约而同地疏远了她。她周围的朋友各自忙着自己的事情，没有大把的时间陪这位格莉小姐去消磨时光。这样一来，格莉的空余时间越来越多。她经常约舅舅去看电影，吃西餐或者郊游。她的时间基本上都用于无所事事的嬉戏状态上了。

　　格莉为了能够使希特勒多注意自己，也开始学习一些建筑雕塑知识了。慕尼黑拥有一些 18 世纪的经典建筑，许多建筑的雕饰堪称世界之最。格莉便一一去参观，并把参观时的感受逐一记录下来。由于她的独特思考方向，让许多人摸不着头脑，也就更加吸引了希特勒的注意。这一时期，

希
特
勒
的
女
人
们

希特勒身边的政务十分繁忙，集会讲演天天不断。他也没有太多的精力放在格莉身上。偶然一见，格莉和他探讨着关于哈布斯堡王朝建筑雕饰的心得，这让希特勒大为吃惊。他对外甥女的良好印象陡然增长。他认为，格莉思考问题的方法独特新颖，是可塑之才。他开始有些喜欢上格莉了。傍晚，他们在林荫小路上散步，格莉挽着希特勒的胳膊，轻轻地依偎着舅舅。格莉对舅舅讲述着关于楼体装饰整体结构的搭配，以及楼与楼之间建筑设计感的和谐。装饰的美感让他们彼此陶醉了，他们讨论的话题让他们惺惺相惜，越走越近。希特勒心悦诚服地接受了这个外甥女。

生活的道路上，人们总有一些不经意的习惯，有些习惯会对人的一生产生重要的影响。在希特勒的生活中，他酷爱摄影。据说，他一生中一共留下几万张照片资料。不知何种目的，希特勒几乎每一周都要摄影留念。这也为研究二战的历史专家提供了宝贵的资料。

美丽的慕尼黑，留下了希特勒与格莉浪漫的脚步。在一次庆典活动中，希特勒特意为外甥女买来了非常高档的装饰项链。这个礼物是在众目睽睽之下馈赠的，这让格莉喜出望外。希特勒还特意叫来了摄影师，照下了这值得回忆的瞬间。时至今日，还能找到这张历史照片。

希特勒与格莉之间的关系，很多人不以为然。但是，在传统意义上看来，这种生活中的乱伦是违犯道德观念的做法。格莉不仅是典型的德国美女，而且她浑身散发着诱人的优雅气息。对于希特勒而言，能够和格莉在一起畅谈，是极其快乐的事情。尽管格莉思想懒惰，也没有什么努力方向，可是和希特勒探讨的话题她都是精心做过功课的。每当他们见完面之后，她总是准备下一次见面时她与希特勒探讨的话题。为了使话题深入实际，格莉经常到一些著名的建筑附近参观。有时，她还深入这些著名建筑之中，认真探寻这些建筑的年代、结构、装饰以及与周围建筑风格的搭

二战浪漫曲

配。她研究的课题专业深入，并不时地把这些研究拿本子记录下来。这些东西本来远离她学习的方向，更和她学生时代学习的医学理论毫不相干。然而，这些话题是希特勒感兴趣的话题，所以格莉格外用心。她的努力没有白费，希特勒对于格莉关于建筑的理论十分欣赏。格莉不仅外表形象姣好，妩媚动人，更主要的是他们讨论的话题也让希特勒深信她是一个有才华的女孩。格莉用投其所好的方法吸引了希特勒，使得希特勒对格莉一往情深。在个人感情上一向低调的希特勒不止一次地在不同场合夸奖过这位外甥女格莉，也让在场的人感到吃惊。直到今天，所有研究希特勒的专家都不约而同地认为格莉可能是希特勒一生最爱的女人。

性格外向的格莉，总是出没在繁华的商业区，或者是成为豪门贵族舞会上的宾客。希特勒一有时间，就会陪同格莉出席各种场合。在柏林，繁华的商业区内，拥有世界各大名牌服饰的时尚商品。尽管一战后出现过物资匮乏，可是在格莉的世界里，却从来不缺时尚产品。她穿戴时髦，站在潮流的最前沿。由于格莉穿着品味一流，也总是在社交场上抛头露面，进而成为大家舞会上聊天的谈资。因为谁都知道，她出手阔绰，原因是她背后有坚实的靠山。与希特勒抛头露面，格莉总是喜形于色，脸上洋溢着迷人的微笑。希特勒因为身边多了一个像格莉这样的花瓶，也自然增加了几分自信。

甜蜜的时光总是短暂的。希特勒将自己多余的神情凝聚在格莉身上的同时，对其他女性也就疏远了许多。他还把格莉介绍给自己工作的下属以及身边的朋友。格莉由于性格外向，也愿意和这些人有广泛的交往。但是，希特勒却反对格莉自己一个人在社交场上抛头露面，他希望他们能够成双入对地出席各种舞会。可是，希特勒没有太多的时间陪伴格莉。所以，格莉与周围人的联络便成了自然而然的事情，格莉的内心总抱怨希特勒陪自己的时间太少。

在希特勒的性格中，他有时有孤僻、偏执的一方面。格莉来到他生活中间时，他像换了一个人，从来不会放弃私人聚会约请他的机会。过去，除了政治聚会外，他一般都是拒绝参加一些私人的舞会。每到这时，格莉便成了聚会的聚焦点。她美丽迷人的气质，雍容华贵的装扮，总会吸引周围人群的目光。在舞会上是格莉最得意的时刻。她的舞步清奇飘逸，足冠群流，是舞会上名副其实的跳舞皇后。在周围的赞扬声中，在一旁观看的希特勒的心里也颇有些得意。

随着格莉社交圈的扩大，希特勒便有些不放心了。因为一些人也和希特勒一样，在舞会上，只要格莉一出现，他们的目光始终伴随着格莉的一举一动。这使得希特勒的内心有些不悦，他开始限制格莉的社交活动，这使得格莉不得不减少与公众接触的次数。私人舞会的公共场合开始渐渐地少了格莉的身影。

时间到了1929年，这一年的春天，由于洋流的影响，气温上升缓慢。在乍暖还寒的时候，人们不愿在街上散步。地里的小草也比往年生长得缓慢了许多。原本大地上的绿色在今年的春天却还是一片青黄。希特勒将格莉安置在在慕尼黑一个僻静的小区内，这里建筑典雅，风光秀丽。在希特勒的约束下，格莉除了固定的时间去看电影以外，绝大部分的时间都不会呆在家里。格莉经常一个人出入各大百货商场，或者一个人出入高级餐厅。她已经习惯了我行我素的一个人的生活。希特勒把她像自己豢养的宠物一样，偶尔前来看望。但是，由于他经常忙于政务，所以格莉有很多空余时间。有时跑累了，停下来的时候，格莉的内心也会有一些伤感和寂寞。她也试图去寻找一些往日的朋友，可是大家都在忙着自己的事情，根本没人有多余的时间无休止地陪同格莉。她的生活渐渐地出现了许多没有办法打发的时间。伴随着这种事情的不断出现，

格莉的内心也逐渐地空虚起来，那些她往日研究的建筑装饰也不再能打起她兴致了，她过着一种寂寞难耐的生活。

生活中的格莉是开朗大方、性格外向的美丽少女，她一分钟也不愿意静下来，不喜欢一个人打发时间，而是喜欢热闹欢快的生活。就这样，希特勒经常派自己的保镖埃米尔·毛里斯去给格莉当司机，护送她到她想要去的地方。格莉在游玩的过程当中，不得已便经常用毛里斯给自己拍照。渐渐地，格莉和毛里斯接触的频率远远地超过了希特勒。夏洛腾堡宫、亚历山大广场都留下过他们的足迹和倩影。

在希特勒发迹的过程当中，毛里斯是一位重要的人物。他不仅是希特勒的保镖和司机，而且是希特勒众多的追随者之一。他对希特勒所鼓吹的理论，深信不疑。在希特勒因啤酒馆暴动入狱时，写出的著作《我的奋斗》，就是毛里斯帮助打字完成的。如果没有毛里斯，《我的奋斗》一书能否出版还是个未知数。所以，在希特勒的历史上，毛里斯的作用不可小觑。

由于格莉与毛里斯经常往来，便日久生情。毛里斯便有意无意地经常去接触格莉。世上没有不透风的墙。生性多疑的希特勒很快得知了这件事情。他差点要了毛里斯的性命。当希特勒亲眼看到毛里斯去找格莉的时候，气得希特勒简直就要发疯。因为毛里斯是党卫军的创始人之一，希特勒才宽容地放走了他，并立即将他解雇。从此，希特勒把格莉像笼中雀一样严格地监视起来，不允许她和其他外人单独接触。虽然格莉表面上风光无限，但是实际上她却失去了生活的自由，更不可能像以往一样随心所欲地生活。每天早上起来，她除了懒懒地伸展一下肢体以外，其他的事情再也让她无法打起精神。至于希特勒送来的那些美术雕塑之类的书籍，尽管是他们以前经常谈论的话题，但是现在，格莉一眼都不想看。她一拿起那些书，看上几眼便没了兴趣。有时，那些印刷精美的彩色图书,她没翻几下就扔到了一边,根本没有心思去探究里面的内容。她有时甚至把那些书扔得散落一地,借此发泄心中的苦闷。她的内心里逐渐开始憎恨舅舅希特勒了。她希望能出去透透气,接触更多的朋友,扩大自己的交际圈。如果有时间,再能与毛里斯见一面也好。可是,她错误地估计了希特勒,她始终没有等到与毛里斯再一次见面的机会,去广泛地结交朋友也成了泡影,格莉悄悄地变得沉默寡言了。

　　格莉的内心变化,希特勒也有些察觉。可是,他认为她与毛里斯走得那么近简直让自己抬不起头来。所以,他开始有意冷落了格莉。但是,由于内心里还深爱着格莉,尽管格莉有时任性不听话,可是一有时间,希特勒还是会去看望她。也许只有希特勒到来的这个时间,格莉的内心才会相对的平衡一些。平日里,她对希特勒进行了各种猜测。由于长时间的接触,她所了解的希特勒是性格孤僻、狂躁狭隘的人,并不像自己内心想象得那样高大和伟岸。希特勒在人前幕后的表现判若两人。希特勒虽然表面不作声响,但是关于毛里斯的事他的内心仍然耿耿于怀。毛里斯虽然被希特勒解雇,但是心里仍然想着格莉。可是由于格莉身处庭院高宅,警备森严。毛里斯对于这种现状无计可施,他根本不知道庭院内格莉的实际情况。渐渐地,毛里斯淡出了人们的视线。在整个第二次世界大战中,也许因为格莉,再没有关于毛里斯的记载。格莉是一个天真烂漫的女孩,对于希特勒强加给她周围的一切,她敢怒不敢言,更没有能力改变这一切。她只是变得脾气很坏。对于身旁的仆人,她经常无缘无故和他们大发雷霆。实际上她自己也明白,这只是心中郁闷的一种排解方式。偶尔遇见了希特勒,她也怨天尤人。过去,她对希特勒的崇拜是疯狂的,可是现在,这种崇拜感已经荡然无存。每次遇见面容冷漠残酷的希特勒,她也经常带有一些怨恨,不时地流露在生活的各个细节当中。有时,他们一见面,她便有意地拿希特勒带给她的那些书籍撒气。有时，她见到希特勒时，默不作声。她现在十分讨厌这个男人。因为是他的监视，使自己变得几乎没有自由。就连她去商场购物，身边也会有几个人跟在后面。她讨厌这种生活。

　　花开花落，年复一年。就在这种笼中豢养的生活中，格莉生活的极不自在。人们都说女人的美丽是相由心生，如今，在格莉的脸上，往日的美丽已经黯然失色，格莉的眼神逐渐变得空洞了起来。美丽的大眼睛也不再是闪烁着希望的光芒，取而代之的是深深的忧郁与痛苦。她喜怒形于色的个人性格让所有的人一眼就能看得出现在的格莉变成了一个心思沉重的女人，她的生活中一定出了一些问题。忙于政务的希特勒，也知道格莉的日子过得不开心。可是面对着复杂动荡的社会局面，希特勒只能在生活上尽量满足格莉较高的物质生活需求。生活在锦衣玉食中的女人，还有什么更高的追求呢？但是，无论春夏秋冬，希特勒总是时不时地要送给格莉一些鲜花。在这些鲜花中，玫瑰花的数量是最多的。希特勒想即使不在格莉身边，睹物思人，格莉也应该感受到生活中点滴的幸福。再加上对格莉所提出的各种物质要求，希特勒安排手下的人尽量满足。在这种情况下，希特勒认为格莉的内心中也应该感到满足。因为和她同龄的有些同学们还生活在生计的死亡线上。经济的萧条，社会的动荡，使得大多数人为着生计而奔波。对于格莉来说，小小的年纪，没有生计上的烦恼，锦衣玉食，她还会有什么不满足呢？这一时期，希特勒不让格莉参加一些社会团体举行的各种活动，主要是怕她受到社会上种种欺骗的伤害。另外一点，社会上各种思潮泛滥，希特勒组建的纳粹逐渐占了上风。他还担心如果格莉过多地参加政治思想团体的聚会，就会影响到自己的决策。所以，他希望格莉生活在平静之中。然而，事与愿违，希特勒的希望完全落空了。因为，格莉天生就不是一个平静的人。她喜欢大庭广

希特勒的女人们

众，她喜欢招摇过市。可是，当她需要的这种氛围缺失的时候，她的内心就会出现怨恨。格莉从来也没想过和她的同龄人或同学们去比一比他们的生活环境，她认为美丽的自己就应该生活在富足的环境之中。即使，她没有生活在希特勒的羽翼之下，她也会遇到能提供这样生活条件的人。她对自己充分地自信，而她却渐渐对自己的生活现状感到不满。久而久之，她把这些怨恨全都发泄在希特勒身上。这使得希特勒见到格莉的时候，总是有些不快。偶尔，他们还会因为琐事吵架。格莉总是想要当着希特勒的面发泄小姐脾气，可是位高权重的希特勒对格莉这些无理取闹根本不会买账。他们之间生活的矛盾开始加剧，感情出现了裂痕。

生活中的故事总是不能像人们想象得那样平淡无奇。浪漫的爱情故事也总有终点。就在希特勒严密监视的过程中，有一些令他意想不到的事情还是接连发生了。就在格莉偶尔回到故乡林茨探望母亲的时候，童年时代的一个邻居，现在已经成为维也纳乐队的一名小提琴手。这个人从小与格莉青梅竹马。由于格莉出众的外表，也深深地吸引了这个小提琴手。这位小提琴手不顾一切地追求格莉。他希望自己的勤奋和掌握的小提琴技艺能够虏获格莉的芳心。在小提琴手猛烈的爱情攻势下，格莉便和这个小提琴手加大了来往的密度。残阳西下，静静的施普雷河畔的桑树下，小提琴手拉着明快的音乐，格莉在一旁听得入了迷。小提琴手怡然自得，他认为自己已经完全征服了格莉。没过多久，这个青年便开始向格莉求婚了。还没等格莉做出什么反应，希特勒便知道了此事。他立即告诉格莉，如果她继续和那个小提琴手往来，那个小提琴手的生命也许会出现问题。希特勒的威胁，使得格莉左右为难。因为希特勒要想杀害小提琴手是轻而易举的事情，而她和小提琴手却没有任何反抗的能力。她本想忘记希特勒，和那个小提琴手结婚。可是希特勒却坚决不同意。他的态度不容置疑，也没有回旋的余地，这使格莉的身心受到了煎熬。面对现实，格莉无法做出自己的选择，她不知采用什么方法才能做到两全其美。希特勒派来监视的人，管理的范围更宽了，从根本上阻绝了格莉与小提琴手的见面机会。那个小提琴手迫于希特勒的威严，也渐渐地消失了。在这种情况下，格莉痛苦异常，她开始发自心底强烈地憎恨希特勒了。她想通过努力挣脱希特勒的魔爪，可是希特勒派来监视她的人不离左右，她所有的计划与努力都等于白费。

　　1931年，希特勒正忙于参加竞选活动，这个竞选活动对于希特勒来说是十分重要的。为了得到格莉的祝福，他还曾驱车前往格莉的住所，去看望格莉。在希特勒与格莉的交谈中，他虽然发现格莉的眼神里有些忧郁，但是一切还是和以前一样。就在希特勒临走前，格莉告诉他打算到外面去参加一个酒会。希特勒不放心，便送给她一把随身防卫的手枪。然后，希特勒便匆匆忙忙地走了。家里剩下了女佣和格莉。格莉没有倾听女佣的劝阻，还是准时去参加了那场酒会。酒会上，格莉在朋友中间唱歌跳舞，玩得十分尽兴。她又一次成为舞会的主角，光彩照人。直到午夜，格莉感到有些困倦，才匆匆地回到了住所。第二天早上，当女佣叫格莉吃早餐的时候，一个可怕的现实出现了。格莉躺在房间的床上，用希特勒给她的那把手枪饮弹自尽了。当女佣打开房门的时候，格莉已经栽倒在血泊之中，就在她临死前，也许是无意识，她的手碰翻了花瓶，压断了希特勒送给她的那束玫瑰花，花瓶的碎片散落一地。而正在纽伦堡出席演讲的希特勒听到这个消息以后，极为震惊。

　　关于格莉的死因，许多人都有各种各样的猜测。有的人认为是格莉喝醉了酒，在痛苦难耐之际，开枪自杀。也有的人认为格莉不是自杀，是她违背了希特勒的意志，希特勒派人将她暗杀了。还有的人说是因为她婚姻的不幸，酒会上朋友们的话刺激了她的内心深处，才使她在痛苦中不能自拔而自杀。

当时，由于希特勒正值政治生涯冲刺的高峰阶段，所以他外甥女的自杀立即成为德国各大新闻媒体的主要新闻。

尽管海水可以淹没脚印，但是岁月一定会留下坚实的痕迹。希特勒和外甥女格莉之间到底有着怎样不为人知的秘密关系，这个问题多年来一直困扰着历史学家。从历史史实上说，格莉确确实实从内心里爱着她的舅舅。而希特勒和外甥女格莉的往来也超过了亲情的界线。他们之间高密度的往来，超过希特勒当时接触的所有的异性。事后，在希特勒身边工作过的人，也在许多回忆录中能找到格莉是希特勒最爱的佐证。

格莉之死似乎对希特勒震动很大。他独自一人住到郊外的别墅里，整日垂头丧气，萎靡不振，沉默寡言。他来回在房间里踱步，有时彻夜难眠，每当看着格莉生前拍下的电影胶片泪眼朦胧。睹物思人，希特勒从内心里检讨了自己在格莉身上的过错。这种痛苦的日子，过了很长一段时间才有所缓和。在希特勒的心中，格莉不仅是一个美丽的女人，更主要她还在生活上对希特勒的关照体贴入微。有时，尽管希特勒在工作中忙得焦头烂额，但是当他遇到了格莉的时候，内心却畅快了许多。现在，格莉离开了他，格莉再也不会在他需要的时候出现，痛苦的希特勒开始对自己在格莉身上所犯的过错有了悔恨。

格莉死后，在她住过的房间内，希特勒亲手把格莉·劳巴尔的肖像挂在寓所的墙上，留作纪念。每当希特勒步入这个房间，想起格莉的时候，都会安排他人在相框周围放上她最喜爱的玫瑰花。他心里一直无法接受格莉离他远去的事实。希特勒从心底里真正喜欢自己的外甥女格莉·劳巴尔。

二战浪漫曲

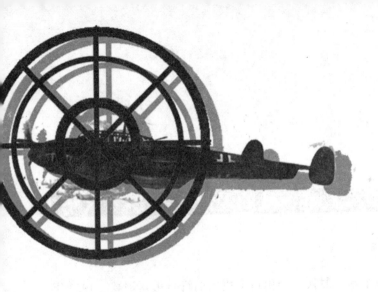

跨越海峡的爱情

　　社会发展到一个新的时代，历史也会用新的符号重新记载。1933 年 1 月 30 日希特勒开始担任德国政府总理，开始了他统治下的纳粹时代。这为后来第二次世界大战的爆发提供了必要的条件。

　　英国和德国是隔海相望的近邻。在英吉利海峡上，曾经不止一次上演了浪漫的故事。可是第二次世界大战的爆发也使这里变成了人生的炼狱。在英吉利海峡海战中，不知多少年轻人牺牲了自己宝贵的生命。

　　就在第二次世界大战爆发前夕，英德两国还保持着密切的联系，有些民间走私活动也十分猖獗。一些偷渡和抢劫的行为也在这个海峡上不断地上演。可是，由于德国文化思想发展较为活跃，许多英国上流社会的优秀青年都把留学德国视为"镀金"。这一时期，英德贸易往来频繁，文化商旅交往不断。谁也没想到，这个作为英国天然屏障的海峡，成为后来反法西斯战争的一个重要战场。

　　在希特勒执政的时期，德国已经成为一个狂热的日耳曼主义国家。希特勒一面加紧扩军，一面大搞"和平演说"。目的是来欺骗和麻痹世界各国人民。

　　二战前夕的德国，还保持着许多优良的民族传统。他们重视文化艺术教育，使得青年人具有良好的修养与素质。这时，英国上流社会的后代纷纷来到德国留学。能够留学德国在英国是一种时髦，是让人羡慕的事情。

德国社会发生的重大改变并没有影响英国年轻女性到德国前来学习。在雷切尔女士的书中，描写了一位名叫伊丽莎白·斯考特的年轻女孩到德国学习淑女风范的情况。在英国上流社会，有世袭的爵位，分公爵、侯爵、伯爵、子爵和男爵。这个女孩的身世就是一位公爵的女儿。她热衷于追求德国富豪阶层的生活，并千方百计想要和这些有身份、有地位的人联络，希望成为他们当中的一员。为了实现这个目的，她不断地努力学习和进步，首先过了德国的语言关，其次她学习了关于德国富豪阶层的文明礼仪。在生活中，每天的实践使得她变成语言流利，办事干练的新时代女性。她是众多英国血统进入德国留学的一员，也是当时英国赴德国留学热潮的一个缩影。

希特勒上台以后，为了扩大他的势力范围，他组建的政府热烈欢迎英国以及世界各国的青年才俊来到德国学习，并极力在思想上改造这些年轻人，使这些人日后成为纳粹德国发展的海外基础。

在国与国的交往中，德国十分重视与英国接触，目的是希望进一步扩大纳粹思想的统治范围。这其中有一些散发着英国贵族气息的年轻女孩得到了纳粹政府的重点培养，逐渐变成希特勒身边的交际花。希特勒利用这些人的外交手段，以及在公共场合的抛头露面，逐渐推广纳粹思想。通过种种手段，使纳粹精神逐渐向英国渗透。希特勒的部下曾专门在这批留学生中物色人选，集中培训，使得他们日后逐渐活跃在国际政治舞台。

在德国的留学生中，有一些女孩在德国学习生活一段时间后，返回到英国，受到社会各阶层的青睐。她们穿着入时，思想前卫，有了海归的金字招牌，她们在政府的各个部门都能找到良好的工作。就连英国王室也开始关注她们，在英国上流社会，她们是交际场上的主角，经常在各种宴会上抛头露面。与她们交谈，在传统的英语发音中，偶尔夹杂着一两句入时的德语单词，仿佛是当时的时尚。德国开始在思想文化交流中，打出纳粹的旗帜，宣传纳粹的主张，使希特勒的统治思想开始向英国渗透。

在留学德国的热潮中，也不乏一些大家闺秀的淑女。其中尤妮蒂·米特福德是大家所熟知的公众人物。她在德国生活期间，曾经不止一次地在现场聆听过希特勒的讲演，她对希特勒所描述的语言佩服不已。希特勒所演讲的内容和她的思想接近，仿佛希特勒所说的话就是她想要说的话。希特勒语言的煽动性让她深深地接受了。因此，她也逐渐成为一名纳粹思想的坚定拥护者，纳粹元首希特勒的疯狂崇拜者。

1914 年出生的尤妮蒂·米特福德，其父亲是英国里兹代尔男爵，她的家族在英国是一个地位显赫的家族。在英国的近代史上，米特福德家族一直是英国上流社会的一员。为英国社会的进步和发展，这个家族几代人做出过突出的贡献。世袭男爵尊荣。尽管尤妮蒂·米特福德是个女孩子，但是由于良好的家庭教养和渊博的知识，早在学生时代她就是学校里的名人了。青年时代的尤妮蒂，一反常态，她改变了大家闺秀斯文的做派，她变得性格外向，夸夸其谈，纵然像米特福德家族的男孩子一样。

由于世袭公爵的身世，米特福德姐妹在英国是有影响的公众人物。再加上她们各自不同的政治追求，更为这个家族的发展带来了传奇色彩。

人们会发现，声名显赫的米特福德姐妹在当时的英国，都经历了非常有争议的历史事件，在事件的漩涡中心中，都扮演着重要的角色。由于她们米特福德姐妹各自有着不同的生活方式和人生信仰，并成为各种思想的先锋代言人，她们不停地创造着当时各种矛盾的事件，并往往担任主角，使得她们成为当时公众面前炙手可热的人物。在这些人当中，尤妮蒂一生的表现最为抢眼。

　　社会发展的过程中，矛盾的产生和解决，才使社会不断地前进。人们的信仰不同，从而人生的道路也就各有不同。在米特福德家族中，尤妮蒂在家中排行老四，她有五个姐妹和一个哥哥。她们姐妹在政治上可谓是泾渭分明的两派，姐姐黛安娜嫁给了英国法西斯党的党首奥斯瓦尔德·莫斯利，妹妹杰西卡后来成为信仰坚定的共产党员。尤妮蒂在政治信仰上支持纳粹的活动，很可能是为了表现出自己的另类。她与妹妹杰西卡，在屋中地板上画了一道十分耀眼的界线，线的一侧是象征国际共产主义的旗帜和神圣的列宁的像章，线的另一侧是象征纳粹党的旗帜和希特勒的像章。正像这种儿童游戏划分的一样，不同的信仰使得米特福德姐妹选择了不同的人生道路，从而也走出了不同的人生轨迹。

　　德国法西斯迅速地在英国发展了自己的组织。由于姐夫奥斯瓦尔德·莫斯利成为英国法西斯党的党首，尤妮蒂通过姐夫的关系加入了英国法西斯党，成为姐夫的助手。尤妮蒂思想激进，性格外向，经常手持法西斯的卐字旗在公共场合出现，招摇过市。并且不分场合地表明自己激进的态度，是一个时期以来法西斯纳粹的英国骨干。

　　由于尤妮蒂的狂热的追求，很快在英国法西斯集团内部崭露头角。1933 年，尤妮蒂被姐夫选派为英国法西斯党代表之一，出席了在德国举行的世界法西斯年度代表大会。在这次大会上，尤妮蒂再一次听到了希特勒的演讲，心中异常兴奋。这和当年站在街边上讲演的希特勒虽然同是一个人，由于舞台不同，希特勒展现的魅力也就大不一样了。如果说当年街边上讲演的那个人最后当上了总理，那么尤妮蒂当年的所思所想，她个人认为是有一定的前瞻性的。今天看来，再一次听到希特勒的演讲，犹如老朋友见了面，尤妮蒂心潮澎湃，她切实地感受到了元首特有的魅力，十分仰慕。

实际上，关于她的心理活动，那个时候希特勒并不知晓，尤妮蒂只是希特勒众多崇拜者中的一员。希特勒的语言之所以能够吸引更多的听众，主要是他狂热的日耳曼主义思想，符合了一些人的心理需求。依靠这张牌，希特勒所向披靡，令一些日耳曼主义思想膨胀的人一拍即合。尤妮蒂就是其中的一个。

由于上天的机缘加上后天的努力，尤妮蒂很快在众多的英国纳粹的追随者中脱颖而出，成为英国纳粹的中坚骨干。她的姐夫奥斯瓦尔德·莫斯利也因此非常得意，一些十分重要的事情也要交给尤妮蒂去做。并把她派到慕尼黑去学习。在纳粹党总部的学校学习期间，和当时众多德国女性一样，听说45岁的希特勒尚未婚娶，她便想尽一切办法希望能够接近希特勒。在集会中，尽量坐在希特勒能看见的位置，还准备了希特勒关心的话题，想要提出一、两个疑问来让希特勒解答。可是，在狂热的崇拜者中，尤妮蒂始终没有找到机会。希特勒对她的想法也一无所知。后来，一个偶然机会，她发现希特勒喜欢在当地的一家小酒馆中用餐，于是她一有时间久经常光顾那家小酒馆，希望能够遇见希特勒。

天下的故事都是无巧不成书。世界上所有钟情的男女都有他们各自的方法去沟通、去联络。虽然尤妮蒂等了很多次，但是，希特勒很长时间没有在尤妮蒂面前出现。偶尔去过一两次这家小酒馆，也没被尤妮蒂遇见。就在尤妮蒂失望的时候，一天希特勒真的出现在了她的面前，看到她是一个人，又是英国的崇拜者。希特勒便约她一同共进了午餐。用餐的过程中，希特勒闷不作声，只是望着她笑了笑。尤妮蒂坐在希特勒的旁边，极不自然。她的心里像有一只小兔子一样，跳得厉害，根本没有注意到吃的是什么。希特勒偶然间问了一下尤妮蒂在德国住的情况，寥寥几句，便让尤妮蒂心情激动不已。用餐很快结束了，希特勒站起身来与尤妮蒂轻轻地拥抱了一下，然后快步地离去。尤妮蒂望着希特勒及其随从的背影，呆呆地站在那里，幸福的笑容洋溢在脸上。她感到她是世界上最幸福的人了，她把这种感受很快告诉了姐夫以及自己的闺蜜。在姐夫的安排下，尤妮蒂很快与希特勒又一次见面了。对于来自英国的这位美丽的少女，希特勒开始并没有心动，因为身为总理的希特勒今时已经不同往日了，他已经成为众多德国妇女的偶像。尤妮蒂只是众多的追随者之一。希特勒和尤妮蒂的往来，主要还是从纳粹势力在英国的发展上考虑的。接触过程中，尤妮蒂的家庭教养深得希特勒的喜欢。再加上尤妮蒂性格外向、落落大方，对纳粹非常崇拜，而且深信不疑。这也使得希特勒逐渐地对尤妮蒂产生了好感。于是，在公众场合下，人们发现希特勒的身边多了一位英国美女，她就是尤妮蒂·米特福德。

身为德国总理的希特勒，每天政务繁忙。在他身边的尤妮蒂便义务地承担起秘书的工作，并照顾希特勒的饮食起居。有时，一些重要的纳粹会议，在希特勒的同意下，她也会列席参加。有时，她担任打字员的工作。有时，她为希特勒整理、收发文件。在希特勒的同僚中，一些人很快地与尤妮蒂熟悉起来。一些高官要想与希特勒会谈，也要事先联络尤妮蒂。尤妮蒂成为希特勒身边重要的助手。

身材高挑的尤妮蒂，是标准的英国美女。美丽的大眼睛，令希特勒深深地着迷。她自幼喜爱德国音乐。由于地理位置的原因，再加上家族血缘的关系，尤妮蒂通晓德语，她不仅讲一口流利的德语，而且还会用德语写出文章来。在许多重要的集会中，尤妮蒂还担任过英德翻译。

由于尤妮蒂得到了希特勒的怜爱，她的姐夫奥斯瓦尔德·莫斯利也得到了希特勒的重用和嘉奖。致使德国法西斯在英国也有了一定的市场。尤妮蒂对于希特勒无限崇拜，所以希特勒就是她生命里最重要的人，因此她对希特勒的安排百依百顺。尽管经常过着孤独难耐的生活，但是尤妮蒂还是心甘情愿的。

深闺高院的尤妮蒂对生活琐事没有任何兴趣。她不愿逛商场，也不愿意去看电影。相反，对纳粹各种各样的集会却十分感兴趣。除了希特勒，经常带领她参加一些集会外，她自己也同希特勒的几个手下一起去从事一些纳粹集会活动。

希特勒的手下戈林、戈培尔也经常与尤妮蒂一起前去参加各种各样的会议。尤妮蒂的政治活动竟然多次以第一夫人的身份抛头露面，这使她的内心得到了巨大的满足。尤妮蒂和希特勒的交往中，这和以往的格莉不同，尤妮蒂对希特勒的追求是唯一的。在她生活的岁月中，没有其他的人走进她的视野。这一点，希特勒的内心也沾沾自喜。尽管尤妮蒂的社交圈很大，在纳粹的同僚中，也有一定的影响。可是她始终钟情于希特勒。她与希特勒不仅政治上合拍，而且对艺术的见解也有许多不谋而合的地方。她有时给希特勒讲她孩提时代听过的德国音乐，听到这些故事时，希特勒的脸上总是带着常人不易察觉的笑容。她喜欢音乐，不仅是因为她天生有一副好嗓子，能唱一些德文歌曲，更主要的是因为她的家族中有许多人也和她的爱好一样，热爱音乐，米特福德家族把热爱音乐当成一种艺术的传承。学习音乐是她们家族培养孩子艺术修养重要的一课。巧得很，尤妮蒂身上的这些音乐艺术修养深得希特勒的赞赏。

尤妮蒂能够与希特勒打得火热，这使她欣喜若狂，她做梦也没有想到这位纳粹领袖能够被她所吸引。她经常向身处英国的各姐弟妹妹炫耀，也不止一次地告诉闺蜜们自己所住的别墅如何气派、如何奢华。由于尤妮蒂张扬的个性，虽然希特勒有些不满意，但是他的内心还是喜欢像尤妮蒂这样的追随者。在希特勒的建议下，尤妮蒂张扬的性格开始有所收敛。但是，依然会在各种集会上抛头露面。

她在宣扬自己主张的同时，不忘展现她的艺术天赋。经常在聚会的同时，为大家唱一两首德文歌曲。一个英国人会唱德文歌曲，足见他的个人魅力和影响。很快，在纳粹活动的范围圈里，她的名字广为流传。希特勒对她也是赏心悦目。对来自英国的尤妮蒂，也让希特勒在一些集会中大加赞扬。

希特勒曾当着周围幕僚们的面，吹嘘过他相信上帝会安排女神与他见面。他的这些话语让尤妮蒂听到以后乐不可支。因为，在她的心中，希特勒就是她一生的主宰。她愿意为希特勒以及希特勒的纳粹奉献一切。希特勒也同样相信尤妮蒂就是上帝派来与他见面的女神。

在希特勒与尤妮蒂相处的过程中，原本希特勒是一个性格孤僻，很少与其他人有真情实感，更没有几个人能成为他真正知心的朋友。因为一般情况下，他不会把自己的真实感受告诉给对方。可是对尤妮蒂则不同，希特勒经常跟她交流自己内心的真实想法。这使尤妮蒂的内心深处发生了一定的改变。渐渐地她从希特勒身上学会了一些处事方法。特别是在工作中，尤妮蒂已经掌握了处理各方关系的尺度与方法，她张扬的个性使得她经常主动地压抑情感，收敛一些狂热的做法。在希特勒身边的尤妮蒂，逐渐在政治上走向成熟。遇有抛头露面的机会，或者是崇拜者推举她为大家演唱的时候，她也开始做一些谦让，有时甚至用眼神观察一下希特勒的态度。每到这时，希特勒的内心总是得到了一定的满足。因为在他的言传身教下，一个随性的英国女孩，终于开始谨慎起来。

在德国的政治舞台上，希特勒竞选总理之初，在他的政策制定过程中，尤妮蒂都是重要的参谋。尽管尤妮蒂的意见有时不够成熟，甚至有时对事情的考虑偏离主题，甚至个别想法稀奇古怪，有时让希特勒听了以后啼笑皆非。尽管如此，希特勒还是愿意倾听尤妮蒂的主张，因为她个人的意见有时有一定的代表性，因为希特勒与尤妮蒂年龄相差几乎是一代人，对事物的看法有代沟是正常的。不同的年龄，人们思考问题的方式是有所不同的，这是和他们各自的经历有关。每个人的语言及行动，都会有时代的印记。不同的想法，不同的观念对决策的人来说，可以从不同的角度论证自己有关政策实施的后果。尤妮蒂经常是希特勒政治决策中第一个最主要的听众，也是最主要的参与者之一。经过一段实践证明，希特勒通过尤妮蒂等人的旁征博引以及意见分析，在决策上取得一定的收效。随着时间的推移，希特勒越来越喜欢尤妮蒂了。尽管尤妮蒂出生在英国的豪门家庭，可是到了德国以后，她的朋友中多半是中产阶级，和她往来非常的密切的几个闺蜜却是平民百姓。闺蜜们有一些生活中的真情实感，也都愿意向尤妮蒂倾诉。尤妮蒂把这些倾听到的内容，经过自己的消化理解，经常给希特勒讲述，有时她还告诉希特勒自己参加集会的感受，特别是一些整天为生计而忙碌的底层老百姓的感受。已经身为德国总理的希特勒，很

少有时间真正深入到老百姓中间。尤妮蒂的倾诉，成了希特勒了解社会的一个窗口。希特勒从尤妮蒂那里了解了一些真正的实际情况，对他内政外交政策制定都起了一定的作用。可是尤妮蒂只是看到了希特勒做事严谨干练的一面，没有看到希特勒真正的内心。他利用了尤妮蒂青春年少，把她拉到了自己的纳粹阵营。实际上尤妮蒂对希特勒想依靠武力扩张的计划开始并不知晓。她只是希望能活在刺激激情的集会之中。那样，她感觉到了自己存在的价值。在震耳欲聋的欢叫声中，尤妮蒂很享受。每到这时，总能让她激情澎湃。她追随希特勒，也正是如此。

在尤妮蒂的心里，纳粹的举手礼是身份的象征和标志。所到之处，她经常使用举手礼，有时不分场合和地点。尽管有时在希特勒的身边她有所收敛，但骨子里的个性总是使他不时地暴露出来。她认为她自己的行为和习惯都是典型的纳粹，十分潇洒。

差不多有两年的时间里，尤妮蒂穿行于英德两国之间。在德国呆久了，她也十分想念家人。尽管她和她们政见不同，各自的政治观点有所不同。但是，由于血缘关系，她还是十分重视姐妹情意。每当尤妮蒂从德国回到英国，父母对她总是格外关心。千方百计的为她安排可口的饭菜。尤妮蒂从德国回到家中，让她感受颇多。不仅能吃到地道的家乡饭菜，而且还能与亲朋好友相聚。但是，姐妹几个见面便免不了要争论一番。这时，一旁的父母便不知所措。他们不知道应该站在哪一方，因为在他们看来，似乎他们各自的观点都有各自的道理。所以，家庭聚会火药味很浓，经常吵得天翻地覆。尤妮蒂在高调大讲纳粹的狂热精神的同时，她的喊叫声在整个家里的房间内回响。她已经模仿希特勒的演讲方法，想把家里变成她推行纳粹思想的课堂。有姐夫奥斯瓦尔德·莫斯利的支持，她在家中有了一定的市场，这让尤妮蒂心满意足。可是妹妹杰西卡则用无可争辩的事实讲述纳粹的专制与独裁，以及共产党人的伟大，共产主义的美好。

家庭的聚会犹如战场，双方唇枪舌剑，互不相让，闹得最后不欢而散。父母则在一旁无计可施，无论他们怎么劝说，也都无法阻止各自思想的宣扬。姐妹之间的分歧越来越大。每到这时，面对着尤妮蒂的强势，妹妹总是对她谦让。有时，干脆回避与她讨论。有时，甚至不与她见面。尽管尤妮蒂嘴上强硬，但是妹妹杰西卡讲的道理她也开始有一些理解，尽管她听不进去妹妹的主张，可是对于希特勒要建立独裁统治称霸世界的野心，也有一些觉察。可是身处纳粹高层的尤妮蒂，尽管听了妹妹的主张有一些道理，但是有些事情她还不希望会真的发生。她一直相信希特勒，但她不愿意相信希特勒争霸全世界的同时，会向隔海相望的英国开战。

大战在即，妹妹杰西卡敏锐的政治眼光早已经看出了希特勒争霸全世界的野心。她告诉姐姐尤妮蒂，希特勒的大炮不久就会打到自己的家门，也会让她在糊涂梦中清醒。硝烟弥漫的战场，是即将发生的事实，是不以哪一个人的个人意志为转移的。里兹代尔男爵家里成了思想论坛的基地。这种政出多门，一家分几种政治流派的事情，在历史上并不多见。尤妮蒂的家族也为近代史的研究者提供了一个特例。

在第二次世界大战前夕，为了实现个人野心，法西斯德国接二连三向世界各国放出烟雾弹。希特勒在国际的政治舞台上，他与英国首相张伯伦外交往来频繁，双方互派访问代表，签订友好条约，目的是想向世人掩盖希特勒争霸世界的野心。实际上的真实情况是世界大战一触即发。

从 1939 年起，希特勒推行了向全世界征战的庞大独裁统治计划。他不惜一切代价，东征西战，先是出兵波兰，继而又与法、英开战，还派兵进攻苏联，把战火燃遍了整个欧洲。

就在开战前夕，奥斯瓦尔德·莫斯利积极地为德国提供英军的驻防情报，尤妮蒂的姐姐黛安娜也从中积极协助她的丈夫。对于里兹代尔男爵家里的党派之争，在英国已经有一些影响。这时，尤妮蒂还在德国，姐姐黛安娜便经常往来英、德两国之间。

尽管大战临近，但是尤妮蒂还是希望英、德两国不要开战。因为一个是她自己的祖国，一个是她崇拜的纳粹独裁统治。这个矛盾冲突使她也无从选择。她曾几次向希特勒提出自己的主张和建议，但实际上是毫无意义的。

面对着现实，她只好听从命运的安排。当她送走了乘坐游轮回国的姐姐黛安娜后，她万万没想到这是她人生和姐姐见的最后一面。因为，姐夫奥斯瓦尔德·莫斯利积极参加纳粹活动，姐姐黛安娜协助自己的丈夫刺探英国情报，当黛安娜回到英国时，便立即遭到逮捕。尽管希特勒很快知道了此事，但是考虑到尤妮蒂的情绪，还是一直没有直接告诉她。直到后来，英、德开战前夕，希特勒才通过别人把黛安娜被捕的消息婉转地告诉了尤妮蒂。

第二次世界大战爆发，英法被迫向德国宣战。追随希特勒的尤妮蒂则身处两难境地。一边是自己的祖国人民，一边是自己心中爱慕的王者，尤妮蒂无法接受这一事实。

尽管她单纯地向希特勒不止一次地建议不要向英国开战，而希特勒每次婉转的回答都令尤妮蒂感到满意。可是，事实却让尤妮蒂逐渐清醒。法西斯军国主义元首希特勒怎么会因为一个人的情感而改变自己争霸世界的野心呢？

英德两国的交战，尤妮蒂因为背叛祖国而被以叛国罪通缉。在德国，因为她是英国人，尽管在希特勒权势的护佑下，尤妮蒂无人可以小看。可是，在战争中，人们的思想情绪会让她遭受牵连。因为她是英国人，她不敢独自一人行动，生怕遭受那些狂热的纳粹分子的袭击。她孤立无援。

如果回到英国，她已经遭到了国家的通缉，她更无立足之地。在这种困苦的境地下，尤妮蒂失去了往日的笑容，活泼可爱的性格却变成了沉默寡言的忧郁性格。面临着未来的战事，她设想了种种可能，为了不让自己成为祖国审判的对象，她事先自己写好了遗书，并准备在柏林自己的寓所中开枪自杀。遗书中她对自己的后事做了详细的安排，她决定把自己的遗体运回英国。尤妮蒂的父亲里兹代尔男爵因为两国即将开战的事实十分惦记身在德国的尤妮蒂，他多次派人到邮局去看一看有没有女儿的消息。

当他发现尤妮蒂前几日寄来的遗书的时候，吓了一大跳，立即通过自己的家族势力找到了英国驻德国的外交机构，请求他们阻止尤妮蒂的自杀。就在尤妮蒂准备好一切后事，想要自杀的时候，父亲请求派来援救她的外交官及时赶到。慌乱中，尤妮蒂朝自己开了一枪，但这一枪并没有打中要害的位置。

也许是上天的眷顾，尤妮蒂没有自杀成功。希特勒听到这个消息以后，极为震惊。他征求了尤妮蒂的意见，可是面临着交战双方的两个国家，最终尤妮蒂还是选择回到父母身边。

对于希特勒来说，尤妮蒂是身边重要的助手。长时间的相处，已经让他们双方之间有了相当的默契。希特勒走到哪里总要带上尤妮蒂。对于希特勒的政治主张，尤妮蒂不仅深信不疑，而且尤妮蒂还对希特勒生活的各个细节关怀备至。当两个人已经相互适应和习惯的时候，尤妮蒂要选择离开，希特勒当然依依不舍。躺在病床上的尤妮蒂，被父亲派来的人接回英国。

对于天下每个家长来说，孩子都是家庭的重要组成部分。对于里兹代尔男爵来说，要把尤妮蒂接走，还真是费了不少周折。不仅要打通英国的上层路线，还要确保曾经被通缉过的尤妮蒂不会出事，这就让里兹代尔男爵不得不动用家族中几十年的老关系。有许多政府的高官，也被里兹代尔男爵说动，帮助尤妮蒂顺利回到英国。虽然此时英国已经对尤妮蒂进行通缉，可是由于政府忙于战事，再加上父亲里兹代尔男爵的政治影响以及他的一再承诺，还有尤妮蒂身上有伤。在尤妮蒂的父亲里兹代尔男爵的努力之下，英国撤销了对尤妮蒂的通缉，尤妮蒂安全地回到了家中。

人们不会甘心退出所在的历史舞台。尽管尤妮蒂身上带有伤痛不便行走，但是她还是不失时机地去参加一些政治集会。虽然这时在英国的纳粹势力已经被政府所镇压，但是仍有一些激进分子和亲纳粹的人，还希望她能重新站出来组织新的纳粹势力。尤妮蒂的性格决定了她口无遮拦，说了一些违背英国政府政策的言辞。多亏父亲里兹代尔男爵的家族地位，才使她得以逃过一劫。

尤妮蒂回国以后，她的病痛时好时坏，有时疼痛不止，有时又恢复到正常。就这样，她只能呆在家中。

在生命的最后日子里，尤妮蒂是在病床上度过的。面对着世界各国的战事，法西斯在全世界各地的暴行也让尤妮蒂有所耳闻。伤痛中的尤妮蒂，已经不能像常人一样学习和工作了，她只能不时地在心里回顾着以前的往事。直到第二次世界大战战争最激烈的时刻，英国每天遭受着希特勒飞机的狂轰乱炸，成群结队的难民无家可归。感受到这一切的尤妮蒂，也从内心里有些悔恨自己当年的抉择。

第二次世界大战期间，英国人民用鲜血和生命保卫了自己的家园。尤妮蒂身处其中，虽然她只能躺在病床上，但是她的内心已经在硝烟弥漫的战火中得到了改变。

第二次世界大战结束以后，1948 年 5 月，经历过战争洗礼的尤妮蒂·米特福德最终死于脑膜炎，年仅 34 岁。在她去世之后，一些研究英国历史的专家也曾对尤妮蒂的成长经历感兴趣。尽管她曾经狂热地追随纳粹独裁统治的希特勒，但是最终她还是回到了自己的祖国。

二战浪漫曲

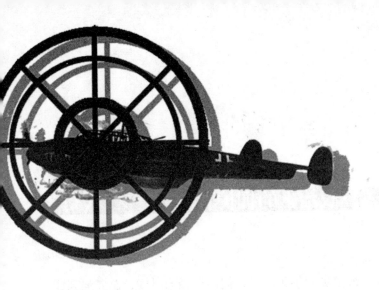

政治上的拥护者

政治上的拥护者

青春岁月是人生最宝贵的年华。当人们还年轻的时候，总要遇到成家立业的两件大事。玛格达在这两件大事上都有一些失误。

玛格达·戈培尔是希特勒身边的一个重要的女人，然而，她并非希特勒的情人，甚至不能称其为希特勒生命中的女人。她的一生曲折而不平凡，从一个婚姻不幸的少妇，到纳粹集团的一分子，历经千回百转的磨难，她最终成为独裁者希特勒忠诚的战士，政治上最亲密的盟友和支持者，为第三帝国的独裁统治倾尽一生之所能。

若问希特勒建立的德意志第三帝国的第一夫人是谁？很多人都会毫不犹豫地说出爱娃·布劳恩的名字。他们的故事及种种情感上的纠葛早已浮在历史长河之上，为世人解读。然而，抚去世间前赴后继的浩叹，也许，我们可以向历史的更深处寻去，那里站着一个女人，她被众多史学者称为第三帝国第一夫人——玛格达·戈培尔。那么，她是如何走上法西斯道路的呢？

一场大雨将柏林洗刷得异常清透，深呼吸，湿润的空气令人顿觉身心舒爽。博学多才的工程师正在回家的路上，他归心似箭。善良而美丽的女人正在家中等待，她是一位仆人，也许是日久生情，也许是仆人的美貌打动了男主人的心，总之，他们相爱了，1901年，诞下一女，起名玛格达。孩子的出世在家族里掀起了不小的波澜，家族的人大都秉持谴责的态度，没人支持他们的结合。望着襁褓中的女儿，二人毅然决然地选择了婚姻。

童年的颜色是纯白，温暖的阳光，微风轻掀窗纱，母亲哼着小曲儿准备早点，父亲微笑着在花园锄草，可爱单纯的女儿蹦跳着，一会儿跑去和母亲说笑，一会儿又给父亲添了不少麻烦，这样的画面该印在童年纯白的画纸上，然而，梦中的一切都不属于玛格达。

婚后生活并不如想象中美好，由于各方面背景相差悬殊，工程师与仆人的这段婚姻之路在延续了 3 年之后，出现了无法弥补的裂痕，1904年，二人选择离婚。如果生命真的存在冥冥之中，那么玛格达未来的婚姻似乎也受到了父母的影响，一样是力排众议的结合，一样是以破碎收场。失去完整家庭的玛格达开始了她不幸的童年，5 岁时，母亲由于种种原因失去了继续抚养她的能力，正值对世界充满好奇的年纪，却失去了母亲的呵护、关爱和引领，之后，父亲将其送往一家修道院，在那里，她默默成长着，独自面对生活。命运之舟不会一直航行在风雨中，在修道院，虽然没有亲人关心，但她受到了很多人的喜爱，人们称她为"聪明活泼的小精灵"，很快，生活也出现了转机，母亲将玛格达接回身边。

温暖的阳光，微风轻掀窗纱，母亲哼着小曲儿准备早点，父亲微笑着在花园锄草，可爱的女儿蹦跳着，一会儿跑去和母亲说笑，一会儿又给父亲小捣乱，这一幅温馨的生活画面终于成真。继父是一位德国犹太商人，他的善良和好脾气，使小小的玛格达享受了一段幸福的时光。一家人在比利时安稳、幸福地生活着，一股积极的力量在女孩儿的身体里滋长，使之对生活充满了无限热情。第一次世界大战爆发后，由于德国对比利时进行了血腥侵略，时局发生了巨大变化，大量的德国侨民为了保全自身安全，被迫离开比利时。战争给无辜民众带来巨大的身心及经济上的重创，玛格达的家庭也在这次动荡中破碎了，未来等待着慈爱的犹太继父的命运将无比悲惨。颇具讽刺的是，从小受到犹太继父恩惠的玛格达最终却选择了一条疯狂的反犹之路。

　　青春之花在岁月中绽放，粉红色的爱情悄悄来到少女身旁。和母亲搬回柏林以后，玛格达结识了青年海姆·阿罗佐罗夫。他是个热情的犹太复国主义运动领袖，有着共同犹太背景的两个人很快心灵相通，如果二人从此站在同一条政治战线，那么也许在反法西斯道路上将会上演很多感人至深的动人故事，然而，他们的爱情没有经受住考验，在残酷的现实面前感情不堪一击，很快，海姆·阿罗佐罗夫离开了她，前往巴勒斯坦投身到自己的革命事业之中。初恋的夭折给玛格达身心带来极度的伤害，很长一段时间里，她都无法从悲伤的情绪中解脱。为了能够重新振作起来，玛格达拼命地看书，学习，在书的慰藉下，她的伤痛渐渐得以平复，也正因如此，她被书籍熏陶成一位优雅而高贵的女性。

　　又一个轻松的假期结束了，玛格达坐在返校的列车上，车窗外极速消逝的风景仿佛生出隐形的翅膀，它们无比坚定地向远方奔去，没有任何力量能挽住这种流逝，看着看着，莫名的伤感涌上玛格达的心头。回想往事，一个个特别的词汇在脑海中闪现：修道院、母亲、继父、家、海姆·阿罗佐罗夫，生命中的种种美好似乎也长着隐形的翅膀，她的眼睛湿润了，目光里闪动的风景渐渐模糊。

　　沉思中的玛格达完全没有注意到，此时此刻，一位男士已经注视了她很久。正值花季的玛格达不仅美丽，而且散发着知识女性特有的魅力，圆润的脸颊白里透红，俏丽的眉毛划出优美的线条，迷人的双眸裹着一抹淡淡的忧伤，丰盈的身材恰到好处，静处的她犹如一个完美的塑像，令男人心驰神往，他就是德国工业巨头君特尔·匡特。

　　一段不平凡的故事就在这普普通通的行程中开始了。君特尔·匡特极

二战浪漫曲

为富有，但相貌也极为不堪，丧偶的他忍受着无人陪伴的孤寂，直到看到了火车上的玛格达。一见钟情的魔力让人无法抗拒，虽然年龄大，长相也配不上这位妙龄少女，但雄厚的经济基础使他变得大胆起了，他决心追求她。为了让玛格达注意到自己，他故意换了与她邻近的位置，主动与之搭讪，在得知玛格达的学校后，便大谈特谈与其相关的各种趣闻秩事，他的风趣逐渐让玛格达的心情转阴为晴，在她眼里，这位中年男人沉稳、有见识，给人一种莫名的安全感。行程很快就要结束了，两个人互留了地址，各行各路。为了达到目的，君特尔·匡特可谓绞尽脑汁，就在当晚，他为玛格达寄出了一封信，主要内容是表达对玛格达的好感，以及想去学校探望的心愿。出于尊重，再加上对这位友好的中年人并不反感，玛格达最终同意了他以长辈的身份前来探望。就像料峭春寒里吹来的一股暖风，又如枝头花苞等来的一场细雨，得到答复的匡特心喜万分，立刻着手准备，如期启程。再次见面的两个人似故友，匡特为玛格达带来了一些贵重的礼物，走在校园里，他谈笑风生，玛格达则细心倾听，崇拜之情油然而生。在长廊休息时，匡特把手帕垫在木椅上请玛格达坐下，尽显绅士与体贴，他甚至还为她抚去鞋上的泥土，殷勤之态体现得淋漓尽致。猛烈的爱情攻势持续了仅一个月，匡特便向心中的女神提出了结婚的请求。结婚！两个字重重地刺激了玛格达年少的心，她惊呆了，甚至不知所措。年少的玛格达曾幻想过自己的伴侣，但无论如何，对另一半的憧憬绝不是眼前这样一个人。匡特体态肥胖，秃顶，长相更不忍品评，不仅年龄比自己大 20 岁，而且还有两个和自己年纪不相上下的儿子。这些事情都注定了这次求婚简直是天方夜谭，然而，世间之人不按常理出牌者，甚众。玛格达竟然同意了。原因很简单，她的虚荣心引导她走向匡特，能得到一个有身份地位的男人的青睐无疑直指她的软肋。母亲得知这一消息后大发雷霆，极力阻挠。年轻人的叛逆心理再加上思想上的激进，致使玛格达无视亲人的反对，也许，世间就是有这样一种力量，越是压制它，它越会向上挺进。看到女儿心意已决，母亲最终屈服了，接受了匡特。

与德国富商的结合，意味着玛格达有更多机会与上流社会接触。匡特常带着年轻貌美的妻子出席各种聚会，玛格达很快学会了交际礼仪，开朗的性格使她受到众人的欢迎，很快，她便从一个懵懂的少女成长为处事圆滑的少妇。好景不长，自从她生下了儿子哈罗德，丈夫就很少再带她出去应酬。另外，由于工作需要，匡特常年在外，丈夫初婚时的出手阔绰也被如今斤斤计较的吝啬取而代之。种种变化令玛格达心灰意冷。寂寞清冷的夜里，她悄悄流泪，为当初荒诞的选择后悔不已，精神上的无聊渐渐演变成一种无助，与丈夫之间的感情裂痕日益增大。这一时期，她第一次意识到，人必须要有信念，信仰，她回忆起初恋，那个曾经令自己痛不欲生的爱人，为了他的理想和信仰毅然决然地抛弃了爱情。虽然自己从小爱读佛经，对佛教情有独钟，但她发现，其实这并不能让自己有丝毫的解脱感，在每一个静处的深夜，玛格达都在苦苦思索，我的信仰到底是什么？未来之路究竟如何？

这一时期，玛格达思想上的萌动仅限于意识上的冲动，她并没有为之付诸行动，相反，聚少离多的婚姻生活加重了她的苦闷，修道院里那个曾经"聪明活泼的小精灵"不再阳光，忧郁的阴云窝进愁谷，终日不见消散。人生仿佛在此处打了一个死结，越是着急，系得越发紧实。也许是真正的孤独难耐，也许是叛逆性的报复，接下来的故事竟然是一段不伦之恋。23岁的她与18岁的继子互生爱慕之情，几年的地下情的确排解了玛格达的寂寞。然而，就像不见阳光的幼苗，即使活着，也无法茁壮，玛格达一边忍受了内心的谴责，一边继续着不伦恋，此时的她已全然不去想信仰之事，得过且过，及时行乐，充盈着她的心灵。直到1927年，继子因病去世。

对于妻子的出轨行为，匡特早有察觉，他通过私家侦探掌握了相关证据，几年来一直压在心头的秘密终被曝光，但这并没有使玛格达面露愧色。相反，高傲的她一口承认了出轨一事，匡特气急败坏，却难抵妻子一连串的质问，玛格达将婚姻失败的全部责任都归咎于丈夫，这场婚姻走向了终点。1929年，二人协议离婚，匡特对自己多年来的行为心知肚明，为这个家他没有做到丈夫的义务。所以，离婚时匡特将一半财产分给了玛格达，以示补偿。俗话说：十年修得同船渡，百年修得共枕眠。虽然两个人最终劳燕飞分，但毕竟念及感情，没有走到爱之深恨之切的地步。匡特甚至还在日后的岁月里成为了第三帝国第一夫人玛格达最忠实的倾听者。

第一次婚姻的失败，使一个花季女孩变成了幽怨的少妇，即便结局并不十分凄凉，但留在心灵的悲伤却永远挥之不去。在这次失败的婚姻中，玛格达第一次意识到信仰的重要性。信仰是灵魂之爱，是一切行为的指南，有信仰的人才会有伟大的追求，不灭的意志。所以，离婚后的玛格达很快重新振作起来。她像一匹脱缰的马，要为自己寻找一片自由的天地。春去秋来，四季轮回，每一个春天都是崭新的，然而，重新站在起点的玛格达并没有迎来崭新的春天，第二次婚姻彻底将她带进法西斯坟墓，苦苦寻觅的自由天地无疑是通往第三帝国的深渊。

年轻、漂亮是女人的资本，年轻漂亮又有钱的女人更令人羡慕。玛格达兼具着种种优势，经过离婚后短暂的修整，她重新建立了自己的交际圈。对爱情的渴望是人类永恒的主题，虽然经历了失败的婚姻，但玛格达依然企盼着有一天能与爱情相遇。只是，此时的她早已褪去年少的青涩，在择偶的标准上，毅然决然地加上一条：理性、有信仰，能给予自己精神力量的人。

一天，玛格达正与朋友小聚，餐厅里，悠扬的《小夜曲》捕捉着人们潜藏的浪漫情怀，每一个音符都在心弦上复活了，它们织就一张无形的网，裹住人们的思绪。玛格达轻晃着杯中的红酒，微红的脸颊，迷人的卷发，性感得体的长裙使她浑身散发着成熟女性的魅力。朋友们断断续续地闲聊着，她们之中有富家女，拜金主义的唯一追求便是享受奢华。面对这些女人，玛格达嗤之以鼻，成长的磨难早已使她摆脱了低级而浮躁的心性，但是，由于这些人拥有特殊的家庭背景，玛格达最终选择了容忍和接纳。《小夜曲》终于停止了对人们心灵温柔的抚慰，紧接着，贝多芬的《命运》跃然入耳，虽然餐厅为了接洽之前的气氛而故意调小音量，但《命运》那振奋人心的旋律依然使玛格达心潮澎湃。贝多芬，德国音乐家，不畏命运的各种挑战，玛格达一时间陷入了对他的遐想中。在这群朋友中，不乏某种政治倾向的人，她们拥有饱满的热情，这也正是玛格达与之亲近的原因。她一直渴望精神上的鼓励和支持，从某种力量中获得生活下去的勇气，这时，一个朋友打断了玛格达的思绪，她建议大家不妨去听听"褐衫党"的集会演讲。

这一提议倒是激起了大家不小的兴趣，常出入风月场合的玛格达对演讲几乎一无所知。所以，对它立刻产生了莫大的好奇感，命运以这一"好奇"为契机，为她安排了一个特别的际遇，从而引领她走上了一条不归路，这将是玛格达向希特勒迈近的第一步。

演讲会现场人头攒动，人们的目光里充斥着某种令人兴奋的东西，有人静静站在那儿，一直盯着演讲台，仿佛下一秒就会有奇迹。有人三

二战浪漫曲

三两两地聚集，议论着，隐约能听到戈培尔几个字。玛格达的朋友们被拥在人群中，不管怎样，这种场面本身就令人振奋，有时她们东瞧西看，但只是在搜索人群里帅气的男性而已。演讲还未开始，人们都在等待，敏感的神经渴望被召唤。

人生之路有太多的转折和选择，它们就像路标，指向我们前行的方向。演讲马上就要开始了，玛格达生命中最重要的人即将出现。小小的讲台静处着，它不发一声，却是不可或缺的角色，很快，主角登场了。只见一个身材矮小，瘦骨嶙峋的男人从讲台的一侧缓缓走来，一跛一跛的步伐让人心生怜悯，天！这就是今天做演讲的人吗？难道远远赶来，等待多时，就为听他？玛格达不禁心生疑问。

此人名为保罗·约瑟夫·戈培尔，是希特勒纳粹集团的重要人物，出生于德国莱茵地区，小时候因病致左腿萎缩，由于身体残疾，在第一次世界大战时被拒绝参军服役。1924年，戈培尔找到了归宿，在一次听希特勒的演讲中他深受鼓舞，随后加入纳粹党。"希望"是落寞人生里的"太阳"，无疑，他看到了曙光，从此决意通过政治活动创造一番伟业。凭借着演讲的天赋，他大肆宣扬德意志民族的优越性，指出第一次世界大战中的战胜国欺骗了德国民众。他的出色表现很快引起了希特勒的注意，通过一段时间的考察，希特勒对其大加赞赏，并多次邀请他到慕尼黑发表演说。戈培尔的才能使他很快在希特勒身边站稳了脚跟，得到青睐后，他更是极尽能事，比如在1931年的总统竞选活动中，他为希特勒鞍前马后，促成其参选。他们几乎走遍全国，所到之处无不煽动党徒的狂热情绪。在戈培尔的策划下，史无前例的宣传运动如火如荼地进行着。正是由于他对希特勒粹纳集团全力以赴、誓死追随，所以有人称他为"创造希特勒的人"。

此时，戈培尔从人群中穿过，走过玛格达身边时，她第一次近距离地感受到戈培尔的气息，身材比例不协调，瘦小的肩使他的头显得极为硕大，脸上有几条深深的皱纹，这皱纹似乎对她产生了莫名的震慑力，形成难以抗拒的威严。虽外表不堪，但其周身仿佛集聚着强大的力量，使人情不自禁地注视他，戈培尔精神抖擞地站在演讲台上，演说开始。毫无疑问，其内容是向民众宣扬德意志精神和纳粹主义。关于政治，玛格达很少关注，但眼前的演说者却让她产生了十足的兴趣。戈培尔激情四射的活力，掷地有声的语言，再加上他举手投足间流露出的不凡气质，都使他整个人的气场发生了巨大的转变，之前那个弱小的形象消失殆尽，此时此刻，戈培尔的每一句话都振颤人心，直指灵魂。也许，全世界的女人都不会对眼前这个男人心动，但玛格达却对他产生了难以名状的感觉。

演说非常成功，现场掌声雷动，戈培尔早已适应了这样的场面，他彬彬有礼地向人们致意。玛格达的血液在澎湃，她似乎感觉到自己一直苦寻的人出现了。几天以后，她加入了"褐衫党"，戈培尔也对这位美丽的女人颇有好感，被其迷人的外表、优雅的气质深深吸引，看到玛格达对自己崇拜的眼神，他知道下一步该怎样做了。若想得到美人，首先要进攻她的心灵，俘获她的精神。找到切入点以后，他的追求策略很快见了效。玛格达的精神世界从未如此饱满过，她被眼前所谓的理性男人深深折服，对纳粹充满信心，对德意志精神无比崇敬。她仿佛看到了一种信仰正闪耀着光辉，那道光比她一直以来捧读的佛经来得强烈，来得势不可挡，在它面前，唯一的出路也许只有臣服。

婚姻能见证一个人的成长，对的婚姻给人无量前程，相反，则把人引入黑暗，直至末路。情投意合的戈培尔和玛格达很快到了谈婚论嫁的

程度。得知这一消息的母亲表示出强烈的反对，她不能将女儿嫁给一个残疾人。但是，从小生活在修道院的玛格达早已学会独立面对和解决问题，这一次，她依然力排众议，尊重了自己的选择。玛格达重新站在一个起点，迈出走向罪恶的第一步。

法西斯最忠诚的战士戈培尔继续对国民展开宣传战，在他的影响下，1930年，玛格达加入纳粹党。她的加入虽然在最初并未引起党内的重视，但是，随着时间的推移，她接触到了越来越多的纳粹头目，对法西斯统治渐渐产生了彻底的信赖。戈培尔不仅要让这个女人成为他的妻子，更要为纳粹培养出一个优秀战士，很快，他将玛格达从地方支部调往中央总部，通过精心的安排，玛格达很快成为了他的私人秘书。

快速升迁使玛格达见识大增，但在戈培尔口中无数次提起了希特勒却始终没有出现，戈培尔是自己的精神领袖，而希特勒是戈培尔的精神领袖。所以，对希特勒的向往也日渐强烈，她多么希望有朝一日能亲口和他说上几句话。这一愿望的实现并没有让她等太久，由于戈培尔与希特勒关系密切，所以，机会终于来了。

第一次见面是在戈培尔的办公室，希特勒正与他商讨宣传活动的相关事宜，玛格达为二人送去咖啡，出于礼貌，她不敢用眼睛仔细打量希特勒，放好咖啡，刚要转身离去，戈培尔叫住她，并将其正式介绍给希特勒。在玛格达的印象中，希特勒一直都是不苟言笑的人，但此时，她收获了他的一个微笑。二人简单打了招呼，第一次见面就这样匆匆结束。以后的日子，玛格达有越来越多的机会与希特勒接触，虽然每次都止于微笑浅谈，但二人都给对方留下了极好的印象。希特勒为玛格达的美丽和高雅所折服，玛格达则仰慕希特勒干练与果断。这一时期，他们之所以能够频繁接触，源于希特勒正在为自己的政权铺平道路，攫取更多的机会和优势，而戈培尔是他的一张王牌，此时，戈培尔主要负责宣传工作，是柏林区组织的领袖，他的一言一行，以及政治倾向在很大程度上主导着民众的认知，戈培尔是他政治前途中不可或缺的重要人物。所以，当他得知戈培尔与玛格达的现状后，便给予积极的鼓励，并做出周到的安排。

在神圣而庄严的音乐声中，戈培尔与玛格达终于走进婚礼圣殿，玛格达一席白色长裙，尽显雍容华贵，今天，她神采奕奕，为自己选择的婚姻感到无比激动和自豪。虽然身边的戈培尔令画面变得不够完美，但他尊贵的地位以及卓越的领导力早已折服了现场的所有人。婚礼于玛格达前夫匡特在梅克伦堡的大庄园举行，这里不仅豪华气派，而且是商界、政界名流的聚集地。这是一场真正意义的高端婚礼，上层聚会，证婚人不是别人，正是希特勒。

由一个秘书，成为政府高官夫人，玛格达已栖身上流社会，成为了众人注目的焦点。历史常会在某一时刻为某一人创造绝好的机会，等待玛格达的将是帝国"第一夫人"的美誉。当时，希特勒刚刚失去他挚爱的女人格莉，心灰意冷的他决意终身不娶。简单理解，第一夫人的人选目前正处于空缺，而玛格达作为高官夫人，不仅是名副其实的知识女性，而且深谙上流社会的礼仪风范。她的一颦一笑，一言一行无不体现出女性的优雅大方，美丽的容颜、得体的谈吐、良好的政治背景都预示她将走上帝国"第一夫人"的宝座。

婚礼结束后，几乎政界的所有人都认识了这位不同寻常的女性，戈培尔对新婚的妻子更是疼爱有加，玛格达沉浸在无比喜悦和幸福之中。婚后的生活充实而美妙，她把对纳粹的忠诚挪移到对家庭和丈夫忠贞不渝。作为家庭主妇，她将家中事物打理得井井有条，每当丈夫有演讲任务，她都尽其所能帮助收集资料，提出建议。玛格达为成为丈夫的第一个听众而感自豪。

与平民相比，虽然这样的婚姻少了几许温存甜蜜，但她并未失望，因为自己获得了更为宝贵的东西，那就是精神力量。

戈培尔经常为妻子讲述希特勒的事迹，他对心中的领袖已达到顶礼膜拜的程度，希特勒为德国勾画的壮美宏图无时无刻不激励他勇敢地战斗下去，作为纳粹主义不折不扣的信奉者，他要一生追随希特勒，争取德国民众的支持，力挺希特勒提出的以战争为手段夺取战略生存空间，日耳曼人必将战胜一切劣等种族，建立世界统治霸权。戈培尔一遍又一遍地向妻子灌输政治思想，骨子里本就激进的玛格达毫无保留地将其吸收并融入生命，她已将扶植希特勒当作自己和丈夫共同的事业。戈培尔不仅通过言传身教影响妻子的政治倾向，而且，他还经常带她去听希特勒的精彩演讲。那真是无与伦比的享受，希特勒出色的演说才能早已被世人公认，不仅声情并茂、全情投入，而且演讲内容极具影响力和煽动性。

每每听完演讲回来，玛格达都要激动数日。深深的夜里，她站在窗边，望着熟睡的丈夫，玛格达的嘴角微翘，内心的充实感让她无限满足。幽暗的云朵在风的作用下缓缓前行，月亮犹如迷离的眼，浸染了岁月的沧桑，玛格达凝望着，目光正与月光契合，从一个婚姻失败者，发生过不伦恋的女人，成为有追求，有信仰且高贵的夫人，她的内心有太多的感慨需要抒发，然而，就让它们淹没在无尽的黑夜吧，随着黎明之光在天边暗涌，而后消散在夺目的阳光中。

在政治上，戈培尔夫妇是希特勒忠诚的拥护者，甚至在某种程度上可谓唇齿相依。在生活上，他们私交甚密，这早已不是秘密，很多人都清楚他们之间的深厚情谊，曾经是玛格达上司的曼思豪森在他的回忆录中这样写道："希特勒对玛格达十分欣赏，这种欣赏甚至已上升到对女性的倾慕，他与戈培尔夫妇之间的关系，是战友、是朋友，或者，用一种更亲密的词来形容，那就是亲人。完整的家庭无疑具有十足的魔力，希特勒非常喜欢去戈培尔家做客，孩子们嬉闹着跑来跑去，他经常把戈培尔的长女抱在腿上，就像父亲一样耐心、喜欢。"这段描述为人们展现了生活化的希特勒，更重要的是说明了他与戈培尔夫妇之间牢不可破的亲密关系。

中国有句古话：路遥知马力，日久见人心。正是因为戈培尔和玛格达对希特勒绝对忠诚、誓死追随，所以，他们成为希特勒少有的最值得信赖的人。为实现政治抱负与戈培尔彻夜谈论大政方针，与美丽的玛格达聊聊家常更是放松心情的好机会，希特勒为身边有这样的得力干将与优秀女人感到欣慰。

为了达到政治目的，实现政治抱负，希特勒通过各种方式打击政敌，将一切绊脚石踢开，这些人来自各个领域，有共产党、工人阶级、农民等。面对纳粹的残酷镇压，有正义感和良知的人从未停止过抵抗。夺取全国政权后，希特勒和戈培尔更加忙碌了，他们想尽办法安抚民心，解决棘手问题，二人经常几天几夜无法安眠。此时的玛格达给予了他们最大的支持，不仅将家庭照顾得井井有条，而且不遗余力地在各种交际场合宣讲纳粹主义。为了在政治道路上争取更多人的支持，这一时期的希特勒频繁参加各种集会，他的政敌也在寻找一切有利时机，策划暗杀。

炫目的灯光，豪华的礼堂，又是一次盛大的聚会，参加晚宴的人是政界要员和商界巨头，希特勒、戈培尔夫妇无疑成为最闪耀的亮点，在众多绅士与贵妇中，潜藏着一个幽灵式的人物，她叫菲尔丝，是德国富商的夫人，也是一个反纳粹的英勇斗士，美丽的她此行只有一个目的，那就是铲除希特勒。

晚宴正在优美舒缓的音乐声中进行，人们亲切交谈着，这样的聚会可以巩固上层阶级之间的关系，取得彼此间政治上或经济上的支持，是达成互惠互利的绝佳机会。此时，菲尔丝和丈夫正和金融家们在一起，中途，菲尔丝借机离开，她唤来侍者，亲点一杯红酒，拿起酒杯，她并没有让侍者马上离开，而是微笑着将酒杯轻摇一下，而后闻了闻，看似优雅，实则在这不经意的动作中，已将指甲中暗藏的毒药挥入酒中。接着，菲尔丝将它重新放在侍者的托盘中，示意他把酒送给希特勒，并告之自己的名字。

侍者将酒送达后，向希特勒示意菲尔丝所在的位置。希特勒急需富商们在财力上的支持，所以，当他看到富商夫人菲尔丝时，立刻绽开了一个微笑，菲尔丝趁机轻扬了一下手中的酒杯，隔空碰杯，希特勒不能怠慢，毫不迟疑地加以配合，小嘬了一口红酒。晚宴在一片融洽的气氛中结束了。菲尔丝的毒药最大的特点是，毒性将在隔天发作，被投毒者往往会莫名其妙地死去。果然，第二天下午，希特勒的小腹突然一阵剧痛，随即倒在办公桌下。

经过私人医生全面检查，最后得出结论：中毒引发内脏衰竭。幸运的是，由于摄毒量甚微，所以性命得以保全。这是菲尔丝的悲哀，机会往往只有一次，错过了，就如东逝之水不复返。如果当初她能多了解毒药的性能和用量，也许历史的车轮将向另一个方向驶去。这一事件给希特勒不小打击，在很长一段时间内，他甚至变得疑神疑鬼，不相信任何人，但，戈培尔和玛格尔除外。

为了保证生命安全，希特勒将玛格达调至身边，全权负责自己的饮食起居。戈培尔毫不犹豫地答应妻子住进希特勒的住所。虽然性命无忧，但中毒后还是有一些身体上的不适，比如头痛、易怒、脱发等。看到心中的领袖被疼痛折磨，日渐憔悴，玛格达心如刀绞，她痛恨一切反纳粹主义势力，但眼前，唯有将悲痛化作力量，倾尽所能照顾希特勒。一日三餐，她要亲自准备并送到希特勒面前；洗漱用具，她要亲自清洗，旁杂人等不得靠近；换洗衣服，也要进行仔细检查。可谓事无巨细。希特勒头疼起来异常狂躁，发疯般地摔砸东西，玛格达则默默地清理，有时他甚至用头撞墙，玛格达则快速跑上前，让他撞在自己身上。脱发越来越严重，玛格达寻遍医学专家，觅得良方，每天照顾希特勒按时服药。

人们为了理想与信仰常能激发出无限潜能，投毒暗杀失败后，反纳粹阶级并未罢手，他们仍在寻找各种各样的机会，想方设法除掉希特勒。直取难度高，那么就曲径通幽吧。所谓条条大路通罗马，这次，他们选择了玛格达这条路。一次，她外出购物，走在熙熙攘攘的人群中，玛格达无论如何也想不到，此时此刻，身上已携带了一种剧毒，有人在与之擦肩而过时作了手脚。世事弄人，投毒者的期盼注定又是一场空欢喜，玛格达购物后并没有回到希特勒住处，由于这段时间一直忙于要务，对家庭的关爱自然不足，刚好今天多一些空闲时间，她想买些礼物，回家看望日思夜想的孩子们，就这样，在拥抱孩子的一瞬间，不幸发生了。很快，她和女儿都倒在地上。然而，是上天眷顾孩子吗？或者历史本不应以此种方式被改写，由于发现及时，母女俩最终获救。施毒者又一次徒劳，这一事件的发生，促使希特勒与玛格达的感情更为亲密和深厚，他与戈培尔夫妇走得更近了。

作为纳粹宣传部长的夫人，玛格达对希特勒绝对忠诚，是他政治上的同盟。磨难已经不能将戈培尔夫妇的意志摧毁，时间能证明忠诚是否可靠。拥有叛逆精神的玛格达不畏政敌迫害，越挫越勇。战争爆发后，她将全部精力投入到纳粹主义宣传中，这期间，她的主要活动是招待来访外国元首的夫人，慰问在前线奋勇杀敌的将士。她以女性特有的美与包容，征服和感动着每一个帝国主义的朋友。一次，玛格达陪同外国元首夫人对学校进行参观，途中，由于风力过大，元首夫人的长衣刮在树枝上，造成一个小小的破损。玛格达看在眼里，回到住所后，立刻命人联系制衣方，以最快的速度寄来一件一模一样的大衣，当这件衣服呈现在元首夫人面前时，她感动至极，立刻再一次约见了玛格达，此事大大增进了二人的友谊。外国元首也为此感动不已，在与希特勒商讨战事的过程中，特意提及此事，并对玛格达大加赞赏。

战争时期，为了使自己的利益最大化，同盟国之间常常要对战事进行全面分析，元首间保持密切联系。玛格达为了帮助希特勒完成宏伟大业，她利用外交手段，绞尽脑汁地笼络人心。每当有外国元首来访，她都会在晚宴中主动与之靠近，以其美貌和高雅的气质给对方留下帝国第一夫人的美好印象。作为女人，她深知妻子之于丈夫的重要性，所以，在陪同外国元首夫人的过程中，她更是极尽能事，首先，在穿着打扮上，在符合国际礼仪的前提下，尽量保持低调，以衬托对方的美丽和高贵。其次，发挥交际特长，温文尔雅的谈吐，细致入微的关怀，不卑不亢的交流，在看似漫不经心的聊天中，宣讲纳粹主义的精髓，为法西斯霸权主义披上华丽的外衣。外国元首夫人在与玛格达接触中，无不被其散发的个人魅力深深吸引。回国后，她们依然能保持联系，夫人们之间的交往或多或少地影响到国家元首的思想和政治倾向，玛格达是成功的，从某种意义上讲，她甚至已经成为希特勒军事战略中最重要的因素。

鼓舞将士们的作战勇气也成为玛格达的重要职责之一，作为一名不懂军事的女性，她无法像将军一样排兵布阵，但她始终认为，战场并非只是硝烟中的厮杀，更不是两军对垒时的"剑拔弩张"，促成战斗胜利的要素很多，慰问战士，鼓励他们无畏无惧便是其中一个。玛格达要吹响这个无声却令人血脉喷张的号角，让士兵们心中高喊元首的名字，高举纳粹旗帜，消灭一切敌人。每当有新兵要赶赴前线，她都会亲自送行，以母亲和帝国第一夫人的身份对其进行纳粹主义宣讲，以情动人，以"理"服人，年轻的战士们深受鼓舞，在战场上拼杀时，他们会牢记玛格达的话，表现出最顽强和英勇的一面。她还参与到后方的动员活动中，后来，甚至要亲赴前线，为官兵们带去祖国人民殷切的关怀和无限的期盼。她的法西斯思想乘着一对叫作美丽和高贵的翅膀飞遍前线，飞进战士们的心灵。

希特勒对玛格达的表现非常满意，戈培尔夫妇成为元首身旁最强有力的支持者，并且二人都很有作为。玛格达与前夫的孩子哈罗德如今已长大成人，在母亲的鼓励下，已成为了一名德国空军飞行员并在前线参与作战。虽然他是匡特的孩子，但从小在戈培尔的教育下长大，继父视其为己出，提供最优越的生活条件，并送他去读最好的学校，生活中，戈培尔对哈罗德关怀备至，当然，灌输纳粹思想成为他教育孩子的主旋律，在父母的影响下，哈罗德从小就有从军的梦想，如今，梦想终于成真，带着父母的嘱托，以及投身理想的高涨热情，他正翱翔于广阔无垠的天际。

希特勒发动第二次世界大战后，玛格达也曾表露过对战争前景的忧虑，尤其是德国在东线战场由最初的全面胜利到莫斯科保卫战遭到战略性失败的情况下。她为此灰心丧气，这一时期，玛格达习惯性失眠，并且脾气越发浮躁，坏心情常令她的孩子们无所适从。戈培尔与希特勒几

二战浪漫曲

乎形影不离，战事的不容乐观使三个人不同程度地患有焦虑症。为了不让丈夫担心，更为了不给元首造成任何，哪怕一丝丝的困扰，在白天的工作中，玛格达异常勤奋努力，并尽量保持帝国第一夫人的微笑，但她内心的煎熬却日益加剧。玛格达时常站在窗边，望着月亮，月华如练，它对天空下的战火毫不动容。玛格达并非好战分子，但对元首的忠诚已让她无从选择，唯有追随希特勒的人生才有意义。徐徐的晚风裹挟着她的叹息。玛格达多想回到童年，在那个温暖的清晨，有继父慈爱的笑容，母亲浓浓的爱意，有风卷纱帘的悠闲，还有自己单纯的企盼。然而，逝者如斯夫，不分昼夜，时光给了每个人一份答卷，要为所做的选择负责，玛格达从未后悔，她尊重自己的信仰，服从命运的安排，更忠诚于心中的领袖。

　　战争取得胜利最重要的先决条件就是正确的战略计划。1941 年 6 月 1 日，德国最高指挥部对最终定稿的军事准备计划进行了审核，并向三军发布了相关的指令。帝国办公厅将官云集，德国武装部队高级军官会议正在召开。戈培尔看起来信心十足，希特勒对最终的战略计划十分满意。玛格达知道一场大规模的战争即将开始，她的心异常忐忑。也许战事的压力过于强大，亟须放松，这一天，希特勒来到戈培尔家做客，玛格达准备了丰盛的晚餐，席间，任何人都没有提起政事，大人和孩子们天南地北地闲聊着，童趣的孩子们为希特勒讲故事，猜谜语，屋内不时地传出笑声。在看似轻松的氛围里，3 个人的心其实都在想着同一件事。希特勒看出玛格达内心的忧虑，出于他们之间深厚的友谊，元首耐心地安慰着这个美丽的女人，有那样一刻，她的眼泪甚至就要夺眶而出。

　　战斗打响了，法西斯军队气势汹汹，在波罗的海至黑海的千里战线上，对苏联发起全面进攻。由于苏联之前对德国发动的战争采取置身事外的态度，因此并没有进行充分的作战准备。仅仅一天时间，苏军就有超过千架飞机被击落，苏军的防线在德军疯狂地冲击下很快就土崩瓦解。之后，德军以骇人听闻的速度向前猛烈地推进，并明显占据了战争中的优势。前方战场喜讯频传，大大鼓舞了希特勒的信心，玛格达的神经几乎每一分钟都是紧绷的，自觉比元首更为紧张，此时，一种莫名的无力感经常纠缠着她，虽然战事暂时占据了优势，但面对陌生的苏联战场，玛格达并不乐观，特别是当她意识到希特勒的自信心在疾速膨胀后。终于，她找到一个合适的机会可以与元首进行诚恳的交流。

多年来的亲密关系，使他们之间的说话方式可以更为直接，事实上，玛格达早已成为希特勒的知己，为了他，这位美丽的女人和她的孩子险些丢掉性命。玛格达并没有隐藏想法，她向元首表明自己对德军进攻苏联的前景非常担忧，讲到激动处，玛格达无法自己的做着各种手势。希特勒毫不怀疑她的忠诚，静静地倾听着，并没有作任何解释，这让玛格达略感失望，她的最终目的是想让元首能够考虑自己的想法，并对战略计划加以调整。但是，即便是知己，也不能逾越底线，希特勒对于这次谈话并没有给予足够的重视，他甚至在二人分别后的第一时间，就忘记了玛格达刚刚都说过些什么，希特勒给予玛格达足够的耐心和尊重，这是其他人无法享受到的恩惠。

战争中，人们也很容易产生惯性思维。"闪电战"让希特勒尝到了甜头，这个急于求成的战争狂人妄图再用"闪电战"快速征服苏联。甚至扬言要在两个月内全面占领之，在冬季来临之前结束这次战斗。希特勒还大言不惭地说只要他一脚踢在苏联的房子上，房屋就会立刻倒塌。接下来，希特勒向他的目标迈出了一大步，基辅会战的巨大胜利，使他更加忘乎所以，积极地计划着接下来的军事行动，他的下一个目标是莫斯科，打算在那儿取得和基辅会战同样的胜利。此时，苏军正凝聚力量，布下了两道坚固的防线等待着德军的到来。与此同时，令人毛骨悚然的莫斯科的冬天到来了。

经过上一次的谈话，玛格达清楚地意识到自己的政治见解并不会被元首重视，因此，她放弃了再作努力的打算，转而投身到支持元首的事业中，和当时德国所有的"爱国母亲"一样，玛格达参加了红十字会的护士训练，为战争贡献一份力量。她并没有因为尊贵的身份而接受特殊优待，每天都和其他护士一样坐公车上下班，为了和广大民众融为一体，她在穿着上也作了精心的安排，朴素的布衣，民间的款式，暗调色系，虽然站在人群中不容易被发现，但她的天生丽质注定使人无法忘怀。人们为帝国第一夫人如此亲民感动、感激。这一时期，她是快乐的，即便对前方战事依旧持悲观态度，但能为元首做些事情已然让她感到莫大的满足。在红十字会，她的个人魅力再一次征服了所有人，作为一名知识女性，再加上天资聪慧，玛格达很快拿到了专业技能第一的好成绩。很快，她来到了前线，这次，不再做慰问工作，而是奔赴炮火隆隆的前沿，帮助那些负伤的战士们，她成为了一名真正的战地护士。

战争的残酷性就在于生命于它变得如此渺小和脆弱，看着不同伤势的战士被单架抬回，玛格达内心受到了前所未有的洗礼，她的手第一次颤抖了，触摸着血肉模糊的躯体，她再也无法抑制内心的情绪，泪水夺眶而出，那是女人天性中的慈悲，更是对战争深刻的领悟。夜里，炮声还在继续，走出营帐，她又看到了月亮，只是，那弥漫着的层层厚重的烟雾早已拭去了月亮美丽的光芒。战争，到底哪一天才能结束？流血，血流成河！

回到柏林后，玛格达依旧无法平静下来，她时常将孩子拥入怀中，而脑海里却浮现出战场上逝去的一个个年轻的生命。她依然是希特勒最忠诚的战士，对法西斯的未来充满无限的期待和憧憬，然而，战争的血腥和疯狂却一直折磨着她的内心，玛格达似乎得了忧郁症。

冬天仿佛嗅到了战争的血腥而早早到来。10月，德军与苏军迎来了狂风暴雪的袭击，一连几日的雨雪交加，使本来坎坷的进军道路变得更加泥泞不堪，德军的前进变得很困难。气温也开始骤然下降，德国士兵们由于没有储备过冬的棉衣，开始出现了严重的冻伤，军队的战斗力急剧下降，一些枪炮也在寒冷的天气中失去作战能力。

德军士兵不仅在前线遭遇着苏联红军英勇顽强的抵抗，在后方的广大森林沼泽地带，向前线运输物质的车队常常遭到苏军伏击。曾经骄横的法西斯大军，现在也开始怀疑战争能否胜利，甚至对战争表现出了绝望。

寒冷的冬天使德国将领们开始回忆起曾经侵占莫斯科的拿破仑，同样是冬季，拿破仑的军队全军覆没，想到此，将士们的意志动摇了。

前方德军节节败退，玛格达急在心里，可是她又能做什么呢？希特勒此时已被复杂的战事缠身，玛格达几乎看不到他的身影。丈夫跟随元首处理军机要务，已20余天没有回家，她只有通过广播或内部消息了解和掌握德军的动向，从而推断出元首和丈夫的现状。玛格达的忧郁症越来越严重了。

前夫匡特在她的心中不是一个令人满意的丈夫，但是，在这一阶段却成了能够听她诉说心中苦闷的朋友，他总能在她心情陷入低谷的时出现，并且安慰她。事实上，玛格达早已将前夫当作挚友，早在几年前，她就对匡特说出了这样一番话："当我们这一代人离开世界的时候，德国不会有文化，人们的生活不会有真正的幸福可言，有的只是纪律和命令。"这样表露内心深层秘密的话，她甚至没有和戈培尔提过，至于对元

二战浪漫曲

首希特勒则更不能说。

德军在战场上的接连失败，与 130 年前拿破仑大军遭遇的惨败何其相似，希特勒也无法摆脱被打败的命运。1941 年 12 月 6 日，成为了第三帝国极其短暂的历史的一个转折点。希特勒已经走到了侵略扩张道路的顶峰，从今以后，就要向下坡路走去了。

莫斯科战场上的惨败，是德国法西斯军队在第二次世界大战中各大战场上所遇到的具有转折意义的大失败。希特勒原本妄想在几个星期之内就将苏联红军彻底击溃，让最大的社会主义国家在世界上消失。但是，他的这个梦想在莫斯科宣告破产了。这一重大失败沉重地打击了德军士气，以至于对以后的战场也产生了极其消极的影响。

事实证明，玛格达在攻打苏联一事上的担忧是非常有道理的。1942 年 5 月，她和朋友一起聆听希特勒关于目前战争形势的演讲，在演讲进行到一半时，她狠狠地关掉了收音机，甚至有些歇斯底里地大喊道："我的天，这太荒诞了！"玛格达认为此时的希特勒早已听不进任何理性的声音，他只愿意听他爱听的话，至于其他的，一概不予重视。

在纳粹德国发动惨绝人寰的反犹太人暴行时，玛格达并没有试图从犹太人集中营中救出她的犹太继父。最终继父惨死在了集中营，也没有留下真实姓名。有人曾问起玛格达，他们夫妇在反犹太人的问题上持有怎样的态度，对此她答道："元首希望采取这样的行动，我们应该遵从。"犹太继父曾给了玛格达一段幸福的童年记忆，然而，为了效忠希特勒，她甚至背上了"忘恩负义"的骂名。当然，她并非没有挣扎过，在梦里，看到继父慈爱的脸，可是转瞬间，又变得血肉模糊，她无数次从梦中惊醒，这时，唯有一遍遍触摸纳粹党徽，才能平复一颗不安的心。为了心中的信仰，为了领袖实现伟大理想，玛格达认为舍弃一个亲人是值得的。

德国对外的战事以及国内的各种矛盾无时无刻不困扰着玛格达。然而在感情上使她备感神伤的事情更多，尤其是戈培尔在婚后感情上众多的流言蜚语。戈培尔在感情上不专一，私下里与许多女性保持着密切的交往，其中传闻最多的要属捷克女演员利达·巴洛娃。由于对巴洛娃非常痴情，戈培尔甚至抱怨过不该和玛格达结为夫妻。在电影《太尔西特之旅》的首映式上，玛格达愤怒得竟然拂袖而去。原因是影片的内容是一位德国妇女眼睁睁地看着一个外国女人勾引了她的丈夫，自己却无动于衷，这与玛格达遭遇的情形如出一辙。

玛格达在绝望无助的情况下向希特勒请求同意与戈培尔离婚，得知这一情况后，元首气愤异常，他找来戈培尔，大加训斥，不但没有同意玛格达和他离婚，反而让其向妻子忏悔。戈培尔向来对元首言听计从，这件事当然也不例外，看到部下回心转意，希特勒又以挚友的身份极力调和二人的夫妻关系，就这样，这段插曲最终以巴洛娃被驱逐出境而告终。戈培尔为此心情沮丧了很长一段时间，以至于国内出现他要被贬去做驻外大使的流言。玛格达见此情境，选择了沉默，没有继续在此事情上大做文章。她不想因这些无关紧要的流言蜚语毁了丈夫一生的美好前程和自己建立的幸福家庭，更不能辜负希特勒的成全。她认为巴洛娃会如行云流水一样从她的婚姻生活中远去，她只是暂时的，时间能淡去悲伤，戈培尔一定会回头，与自己白头偕老。只可惜，她和戈培尔还没有等到相扶到老的那一天，死神就已悄悄走近。

天空布满阴云，纳粹发动的战争走到了末路。1945 年初，从战争前线传回来的战报皆是溃退、投降，苏联军队犹如猛虎出山，一路追打德军，很多德军将领都无法顺利完成元首下达的命令。希特勒越来越频繁

二战浪漫曲

地在总理府大发雷霆。他发脾气时，全身颤动着，几乎无法控制，这极大地伤害了身心健康。他常常怒气冲冲地大喊，身体剧烈抖动，甚至要扶住桌子才能站稳。愤怒使希特勒完全变成了另外一个人，已经丧失了自制力。他在办公室里踱来踱去，然后突然停下来，训斥身边的人。当然这其中也包括戈培尔和玛格达。希特勒几乎是放开嗓门进行吼叫，怒目圆睁，面额上的青筋根根凸起。

一个人在歇斯底里的时候并不可恨，正相反，他已成为最可怜的人。戈培尔与玛格达看到元首的变化，疼在心里，却从未表达过丝毫不满，当元首发脾气时，他们默默承受，特别是玛格达，她以女性特有的细腻情感体味着希特勒内心的挣扎与痛苦。虽然德军大势已去，但玛格达心中的信仰，以及对希特勒的崇拜之情从未减少。在元首平静的时候，她常常亲自为他烧制一些可口的饭菜，恢复理智的希特勒为此感动，此时，很多曾经的亲信已经不敢再与他接近，敬而远之使希特勒的内心变得更加孤独，幸好身边依然有玛格达，一个永远对他抱有深切的理解和不离不弃的女人。

苏联的进攻越来越猛烈，德军已完全失去了战斗力，最高统帅部清醒地认识到，随着苏军的步步紧逼，最后一站，攻打首都柏林将是一场激烈的白刃战。苏联对柏林战役作了充足的备战。到了3月下旬，柏林也为即将到来的决战，专门成立了首都司令部。莱曼中将但任总司令，戈培尔全权负责首都的守备工作，希特勒为总指挥，助手是戈培尔、鲍曼、克莱勃斯将军等。首都最为精锐的警察和党卫队都集中在市区中心，随时听从希特勒的调遣。

玛格达整日坐立不安，战争发展至此，是她始料不及的，她一遍遍地设想着柏林之战的结局，可是无论如何，前景不容乐观。作为希特勒最信任的人之一，玛格达除继续跟随元首，别无他选。唯有默默为德国祈祷，为希特勒祈祷，希望出现奇迹。

中国有句古话：多行不义必自毙。如果祈祷能抵消罪行，那么世间又何来公道。1945年4月16日清晨，苏联红军上万门火炮、迫击炮和当时令人闻名丧胆的"卡秋莎"火箭炮，共同对准柏林，千万颗炮弹在天空划过，将方圆数十公里照得犹如白昼。

紧接着，爆炸声此起彼伏，整个大地都在摇动，仿佛世界末日就要来临。猛烈的炮火完全压制住了德军阵线，打乱了他们的防御体系。苏军最高统帅朱可夫决定立即发起对柏林的总攻。

霎时间，天空中划过数千枚各种颜色的信号弹，犹如流星划过夜空。根据这一信号，苏军百余部大型特制探照灯，全部向德军阵地打开，探照灯的光亮犹如太阳的光芒，使德军士兵头晕目眩，根本无法睁开眼睛。阵地被照得好似白纸一张，苏军冲锋的坦克部队和步兵师团所要攻击的目标一览无余。希特勒的纳粹部队走向了末日。

战斗异常激烈，持续到4月25日下午，美军第69步兵师的前锋部队与苏军第58近卫师的先遣部队在柏林以南的托尔高成功会师。这意味着柏林南北两面的通道被切断了。

法西斯的罪魁祸首希特勒只能待在柏林的地下室中，他决定留下来，与柏林共存亡。大量的德军士兵早已背弃了信仰，不再做无谓的牺牲，在苏联犯下滔天罪行的他们害怕被东线的苏军俘虏后受到严惩，所以，他们犹如潮水般涌往西线，向英美联军投降。称霸欧洲的法西斯政府，在联合盟军和欧洲各国人民的打击下，已经到了山穷水尽的地步，只有无条件投降这一条路可以走。希特勒已经陷入四面楚歌的境地了。

在此危难时刻，希特勒邀请戈培尔全家迁到帝国总理府花园的地下室，这里直接和元首地堡相连接，仅有一个希特勒专用的浴室，玛格达

和孩子们便隐藏于此。

面对德军的惨败，玛格达却表现出了异常的平静。当身边的秘书劝她离开柏林，寻找出路时，她决然地摇了摇头，说道："别人有权利活下去，我作为帝国首脑之一的夫人没有活下去的权利。"

玛格达拥有坚定的信仰，誓死效忠希特勒。她既不能不忠于丈夫为之奋斗一生的事业，也不能违背自己的心为德军的惨败作任何辩解。她的生命属于濒临灭亡的"第三帝国"。

玛格达不但认为自己必须赴死，而且还要结束6个孩子的生命。当然，她不认为这是残忍的行为，相反，觉得是救赎。孩子若活下去，势必要担负父母生前的罪责，与其屈辱地苟活于世，不如选择一条光明之路。她相信洁净的灵魂不灭，可以及早转世重生。而孩子们是无辜的，他们没有罪过，为了让他们解脱，也为了有来生，孩子们唯有结束生命。玛格达给远在英国的哈罗德写了一封信，作为她唯一的遗书：

亲爱的儿子：

妈妈和你其他的家人已经在元首的地堡里躲藏数日。经过慎重地思考，我们决定与帝国共存亡。天知道我亲爱的儿子能不能收到这封信，也许，会有一个人道主义者，或是我们家族的贵人帮助我完成心愿，带去我对你最后的祝福。事实上，妈妈和你的兄妹们不必选择赴死，你的爸爸早已为我们安排了退路。前些天，元首也在极力劝我离开这儿。孩子，你是了解妈妈的，我们全家人的身上都流着德意志的血，而今，神圣的理想已不复存在，每吸一口气都让我感到窒息。随之而去的还有我生命中最重要的东西，它们包括永存我心的美好、伟大、高贵和善良。

元首是妈妈心中的英雄，如果活在没有他的世界里，我将寻不到方向，失去生命的意义。你一定不理解，为什么要把你的弟弟妹妹一并带走。现在我来告诉你，失去父母对他们来说简直就是灾难。亲手将其从灾难中解脱出来，我相信仁慈的上帝定能理解。而你一定要活下去，永远不要忘记你是一个德国人，不要做有损德意志荣誉的事，如果你爱妈妈，就用生命证明亲人没有白白死去。

昨天夜里，元首给了我最后一个荣誉，他将金质党徽送给我，并亲自为我戴上。那一刻，真让人无比激动，妈妈深感幸福和骄傲。但愿上天赐予无穷的力量，助我走好最后的路。至死效忠元首，这是上天给予的恩赐，是我从未奢望过的事情。

最亲爱的哈罗德，我在生活中学到一个真理，那就是：做一个忠诚的人，对自己忠诚，对他人忠诚，对祖国忠诚。

不知道我还能不能写完下一页。只想给你爱与力量，带走你失去亲人的痛苦。你要为我们感到骄傲，带着自豪与幸福回忆亲人。人终有一死，与其屈辱地活不如勇敢结束，还有比这更美好的吗？

用最温暖的母爱亲吻你、拥抱你，亲爱的儿子，一定要为德国好好地活下去。

你亲爱的妈妈

1945 年 4 月 28 日写于总理府地堡

春天万物复苏的声音是大地最生动的语言，人们在宁静的天空下听鸟鸣，听花开，然而，柏林的大地却在战火中满目疮痍。4 月的最后一天，苏军对国会大厦开始了又一轮强攻，在炮兵的火力掩护下，战士神速冲击。仅仅几分钟，就到达了国会大厦，很快，大厦上飘起了数面红旗。由于使用了长柄火箭弹和手榴弹，这里变成了一片火海，同时，苏军为了把德国人从地下室各个房间里赶出来，开始使用喷火器，大火因此更加强烈了。

下午，纳粹第一头目希特勒自杀，当戈培尔亲眼目睹鲍曼点燃希特勒和爱娃的尸体后，再也控制不住哀伤，不禁失声痛哭。元首的尸体在大火中燃烧，他再也无法看下去，手扶楼梯，一瘸一拐地回到暗堡中。暗堡内几乎所有的女人都聚集在会议室，戈培尔从她们身边走过，女人们张嘴想问些什么，但他像着了魔一样谁也不理，径直走进书房，"砰"地一声关上门。

玛格达看到丈夫表情怪异，担心他先自己走一步，立即去敲门，书房中传出哭声，越来越大，戈培尔为帝国的倾倒痛哭不止。他伏在书桌上，双肩抽搐着，回想起上午元首同他的谈话。

希特勒劝戈培尔一定要坚强地活下去，特别是 6 个孩子和他的妻子玛格达，一定想办法让他们离开柏林，活下去。

戈培尔毫不犹豫的拒绝了，自从追随元首，他还从未违背过希特勒的意志，但这次除外，他们全家不会再离开暗堡半步。

希特勒愤怒了，喊着："不行，一定要把孩子救出去，不能让他们死在这儿。"

然而，没有任何力量能将戈培尔从元首身边带走，他说："我的领袖，您让我们活下去绝非优待，而是一种侮辱。如果孩子活下来，只有两种可能，一是落入俄国人之手，二是落到美、英等国手中。无论哪种结果，都是可悲的。俄国人会把他们训练成布尔什维克主义者，而英国和美国人又会灌输所谓的民主思想使孩子们憎恨纳粹主义。无论如何，我的孩子都要同我们一同死去。"

最后，希特勒让步了，无奈地说："我最忠实的信徒也不愿服从我了！"

渐渐地，书房中没有了哭声，戈培尔从抽屉中拿出纸和笔，整齐地铺在桌上，开始写下他的遗嘱。

内容是："元首对我下令，无论何种情况，都要保住性命，即使柏林沦陷，也不能放弃理想，要勇敢地离开这儿，到事前安排好的地方任职，继续为完成伟大事业而努力。一生中，这是我第一次违背了他的意愿，拒绝服从命令。我的夫人玛格达以及孩子也将拒绝服从。在这关键时刻抛弃元首，无论出于友情还是对他的忠贞，都是不被允许的。更重要的是，如果我活下来，那么在余生中，世人将把我看作一个十足的卖国贼和彻头彻尾的无赖。没有尊严的活犹如行尸走肉，更是不尊重同胞的作为，德国民族和国家未来的前途都要求我尊重他们……"

写完遗嘱，戈培尔复读数遍，他的手微微颤抖，内心百感交集，随即将其锁在保险柜中，找出所有重要资料，付之一炬。

今夜是否有如练的月光，玛格达无从知晓，她的每一次静处，都有月亮相伴，这种神交早已成为一种习惯，然而，她再也看不到了。暗堡里没有人睡去，人们得知戈培尔夫妇要与孩子同归于尽，不禁扼腕叹息。孩子们给死寂沉沉的地堡带来了无限生机和活力，所有人都非常喜爱这6个无忧无虑的小精灵，为了让他们安全逃出柏林，将军们在突围计划中进行了周密的安排，决定让孩子们乘坐一辆装甲车秘密逃出柏林。现在，突然听说戈培尔夫妇要将他们毒死，决不能袖手旁观。希特勒的两位女秘书非常爱这些孩子，她们急匆匆地来到戈培尔的书房。

他正在焚毁残存的文件和日记，秘书乞求部长把孩子留下来，并发誓一定照顾好他们。戈培尔已经恢复了平静，他感谢人们对孩子的关心，但毅然地拒绝了这一提议。最后，秘书们只好无奈地含泪离去。

二战浪漫曲

夜深了，但战火却驱走了寒意，苏军在德国国会大厦的主楼最高处，插上一面苏联国旗，德国法西斯的旗帜终于倒下，这面沾满世界人民鲜血的旗帜终于被正义的力量撕碎，希特勒没有让任何一个种族从地球上消失，却亲手葬送了自己的第三帝国。全世界人民都在庆贺。

太阳升起，光芒万丈，5月的第一天，有人欢喜有人忧。戈培尔夫妇决定在这一天追随元首而去。昨天夜里，夫妇俩进行了长谈，最后决定由玛格达结束6个孩子的生命。天边已经放亮，玛格达来到孩子的房间，可爱如天使的他们都已熟睡，母亲逐个亲吻着天使们，然后坐在小床上静静地看着他们。

上午，玛格达找来了护理医生，向她要了一小瓶氰化钾胶囊，医生知道这是剧毒胶囊，但此刻，任何劝阻都将无济于事。接着，玛格达拿出了几块夹心糖，当然，这并不是一般的糖，而是含有安眠药成分。她计划着，待孩子们安然入睡后，让他们在甜美的梦里离开人间。

下午，玛格达将在地堡中玩耍的孩子们唤回房间，强忍着悲哀，轻声说道："孩子们，我们快要和元首伯伯回家了，现在发给每人一块糖，吃了它，等一会不会晕飞机。"孩子们本就喜爱吃甜的食物，看到糖，都非常开心，迫不及待地吃下去了。两个稍大的女儿已经懂事，早已在大人们的口中得到元首伯伯已经死了。但是，此时此刻，妈妈却说元首伯伯还活着，这让她们匪夷所思，迟迟不肯将糖吃下去。

玛格达抚摸着两个女儿的头，眼泪终于像决堤的水一样涌出，微颤着声音说道："乖女儿，妈妈永远爱你们，吃下吧。"孩子犹豫了一下，还是将糖块吃了下去。

不一会儿，6个孩子都睡着了，玛格达仔细端详着他们，泪水一直簌簌地滑落。内心的绞痛让她无法忍受，有那样一刻，她觉得自己就要崩溃了。冷静片刻，她还是下定了决心，将氰化钾放入孩子的口中，随即失声痛哭。

此时，戈培尔没有在地堡。目睹自己的骨肉离去，哪怕是再坚强的人也会心痛不已，所以，为了躲开这一幕，他早早就带着几个亲信离开，寻找汽油，他也要选择和元首同样的方式，焚烧自己的尸体，晚上，他回来了。

地堡里的氛围有些异样，他似乎知道发生了什么，急忙奔到孩子们的房间，里面有几个人在哭泣，6个孩子安静地躺在那儿，已经离开了人间。戈培尔俯身在他们额头上深深地吻下去，而后，面无表情地走出房间，回到书房，他看到玛格达木然地坐在椅子上，这是他们事先商量好的，各自完成任务后，在这里一起走向生命的尽头。

夜幕降临，四下寂静，因实行灯火管制，总理府外漆黑一片。玛格达挽着戈培尔的手臂，缓步来到总理府走廊，这里有一名军官，他的任务是在二人自杀未遂时帮助补上一枪。

戈培尔停下脚步，玛格达松开手，继续向前走着，同时将胶囊放入口中，几秒钟后，她缓缓地倒下去，胸前别着的金色党徽，发出幽暗的光。戈培尔注视片刻，随后朝妻子开了一枪，子弹击中了玛格达的头部，金黄色的发丝中立刻渗出鲜红的血液。随后，戈培尔也将胶囊放入口中，再次扣动扳机，子弹飞速穿透他的大脑。

守在一旁的军官向二人敬礼，然后把尸首并排放在一起，浇上汽油，忽的一下，一个噩梦，连同他们罪恶的信仰，一并消失在火光中。

玛格达在生命走向末路时究竟想些什么，人们无从知晓。对于自己选择的道路，她真的没有后悔过吗？历史无法逆转，玛格达与希特勒之间的故事唯有留给后人评说。

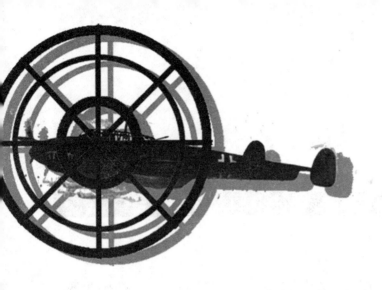

与希特勒往来的女导演

与希特勒往来的女导演

提起女导演，莱妮·里芬斯塔尔这个名字无人不晓。她在纳粹发展的历史上，有着独特的历史地位。1902 年 8 月 22 日，里芬斯塔尔出生在德国柏林一个普通家庭。直到 2003 年 9 月 8 日去世，她活了 101 岁。她亲眼见证了跨世纪的历史史实。她亲眼目睹了第二次世界大战，并给纳粹法西斯拍过纪录片《意志的胜利》，使得希特勒用此来扩大自己的独裁统治的影响。她还拍过《奥林匹亚》的纪录片，成为 1936 年奥运会的宣传片，她也因此获得了一些奖项。

里芬斯塔尔是一个美丽的女孩，她的童年酷爱文学艺术。据说，她在 5 岁时因在剧场看过《白雪公主》的舞台剧之后，便开始了诗歌和戏剧的创作。她是极富创作才华的天才少年。

在里芬斯塔尔的生活的圈子内，她的美丽是众人公认的。她曾经学习芭蕾舞，是著名的舞蹈家。她从事表演艺术也是当时有名的演员。在当导演之前，她的艺术天赋可谓是全方位多频道的。她有着广泛的兴趣和爱好，她在不停地尝试不同的艺术领域。说来也巧，威妮弗雷德·瓦格纳家族的艺术风格，让她从中借鉴了一些艺术形式。

在世界各地今天的一些文艺作品里，人们还能看见里芬斯塔尔的一些艺术作品及图书。里芬斯塔尔是一个一分钟都不愿意懒惰的人，她的勤奋铸造了她的高产。她的作品不仅启迪人的心灵，传递科普知识。尤其是她的一些科普作品中告诉人们一个还不了解的未知世界。她的作品

《水下印象》就为人们揭示了一些海底世界的奥秘。有些海底生物及海产品是她第一次介绍给大众。有些海洋气象信息也是这部影片首先开始向大众传播的。

　　说起女导演里芬斯塔尔，最能闪烁光芒的故事是希特勒和她之间的关系。有一些书籍甚至称呼她为"希特勒的情妇"，实际上，这可能是根据当时情况的杜撰。因为1952年，德国的法庭曾经有明确的审判记录，最终证明里芬斯塔尔和希特勒没有暧昧关系。关于具体的真实情况，随着时代的变迁，两人均已离世，所以关于他们之间的故事，只有他们自己清楚。要说明的是，希特勒对里芬斯塔尔的印象是从她导演过的片子中获得的。由于里芬斯塔尔导演的片子在当时有很高的艺术成就，已经成为街头巷尾的名人。所以，希特勒对她的名字也早有耳闻。为了扩大纳粹独裁统治的影响，希特勒曾多次给手下下令要拍摄一部好的纪录片来宣传纳粹主义。在这个大前提下，希特勒便约请里芬斯塔尔见面。在见面的时候，一向狂妄的希特勒自认为自己的艺术修养很高，可是在里芬斯塔尔面前，却不由得显得逊色。即便是希特勒最拿手的艺术形式——美术，里芬斯塔尔谈论起来也是头头是道。希特勒一听就知道，她也是美术绘画方面的行家里手。可是希特勒在交谈中，还是没有忘记自己的政治初衷，在他的蛊惑和煽动下，里芬斯塔尔答应了希特勒要拍一部关于纳粹主义宣传片的请求。在强权政治的统治之下，有时人们不得不做出违心的事情。至于里芬斯塔尔拍摄《意志的胜利》时的真实想法是什么，今天的人们不得而知。事后，里芬斯塔尔曾拒绝向世人道歉，她认为她的一生不关心政治，对于拍摄《意志的胜利》的过程，她向世人们表示她只注重其中的艺术形式，至于片中的内容，她没有太多的考虑。在《意志的胜利》的影片中，希特勒从天而降，落到欢呼的人群当中，极大地展现了希特勒称霸世界的建立纳粹独裁统治的野心。希特勒看过此片以后，便下令在希特勒的阵营中，广泛播放。使得里芬斯塔尔连同《意志的胜利》纪录片内容让德国的老百姓家喻户晓。从此，希特勒开始和女导演里芬斯塔尔有了更深入的接触。

里芬斯塔尔对瓦格纳音乐感兴趣，希特勒则是瓦格纳音乐的忠实崇拜者。所以，尽管希特勒与别人见面只谈政治问题，而与里芬斯塔尔见面却有广泛的话题。其中，关于对瓦格纳家族音乐的见解，就是他们谈论的重要话题。当时德国总理的希特勒，应该是公务繁忙，日理万机，为什么总有时间和一个女导演频繁地接触呢？难道说他们的关系真的特殊？在希特勒与女导演里芬斯塔尔的接触过程中，艺术和政治的话题使他们的内心总有波澜壮阔的展现。他们之间总是有说不完的话题。关于女导演里芬斯塔尔，她不仅外形美丽，身材高挑，符合德国大众的审美要求，是大家公认的美女。更主要的是她头脑机敏，才华横溢，在多个艺术领域都有很深的造诣。希特勒的内心也是希望自己能够遇见有才华的美女。能够和里芬斯塔尔坐在一起畅谈，心中总是十分愉悦。

生活中的里芬斯塔尔不仅对艺术感兴趣，她追逐所有时尚的东西。不仅穿着入时，服饰讲究，而且在饮食上也十分挑剔。据说，她身上有着一种强烈的阳刚之气，才华横溢的美女再加上她的强人风度，更加得到了许多人的青睐。希特勒经常以横扫一切的强人之势出现，这不仅是他个人性格的体现，也是他建立纳粹独裁统治，展示给外人的现实需要。而里芬斯塔尔，正是因为外向强势的性格，才使她拍摄的片子具有夺人耳目的强烈刺激效果，调动观众的神经。在这一点上，两个人表现风格一致。这也使两个人能够成为朋友的一个前提。

1936 年的伦敦奥运会，是在希特勒独裁统治下在柏林举行的一次奥运会。奥运会是世界性的，由于世界大战一触即发，为了抵制法西斯希特勒的独裁统治以及日益加剧的种族歧视和宗教迫害，一些国家拒绝参加此次柏林奥运会。甚至他们还联合起来，组织了一届"人民奥运会"，借此来和希特勒法西斯统治下的柏林奥运会相抗衡。使得柏林奥运会蒙上了许多恐怖的色彩。

　　尽管柏林奥运会有许多不尽如人意的地方，但是关于奥运会的宣传片，还是给人们留下了深刻的印象。里芬斯塔尔拍摄的有关奥运会的宣传片《奥林匹亚》和她本人的名字一夜之间被世界许多国家的人们所记住。里芬斯塔尔从此走向了世界舞台。由于她和希特勒的特殊关系，人们总爱把他们的故事无限地夸大。她的名字和希特勒的名字连在一起，就变成了绯闻，在全世界广为流传。1936 年柏林奥运会，是希特勒表演的政治舞台，也是女导演里芬斯塔尔表演的舞台。人们在肯定她的艺术成就的同时，更想探究她与希特勒真实的关系。

　　奥运会是全世界的竞技体育运动的盛会，因为广泛的国际性，在全世界深有影响。能够指导拍摄《奥林匹亚》的奥运会宣传片，是至高无上的殊荣，也是一些导演梦寐以求的事情。在当时的德国，有许多导演都千方百计地争夺这一重要的角色。在激烈的角逐中，里芬斯塔尔能够脱颖而出，绝非偶然。这里不仅有执政的纳粹元首希特勒的意见，而且也一定和她事先拍过的《意志的胜利》的宣传片有关。否则，希特勒不会选择里芬斯塔尔。正是因为《意志的胜利》在纳粹统治以后，得以广泛地宣传。才使得里芬斯塔尔在纳粹阵营中有广泛的影响，再加上希特勒对她的了解，所以，能够执导《奥林匹亚》就是顺理成章的事情了。

希特勒的女人们

在现实生活中，人们所做的一些事情有时是在特定环境下做出的无奈选择。能够执导《意志的胜利》虽然让里芬斯塔尔在二战后遭受了很多非议，甚至带来牢狱之灾，可是里芬斯塔尔就是拒绝道歉。这不仅是和她个人的性格有关，而且她的内心也有许多不被人理解的苦痛。

无论里芬斯塔尔如何辩解她与希特勒纳粹之间的关系，二战结束后，她还是被美军所抓捕。后来成为法军的阶下囚，并在监狱里度过了4年的时光。直到1952年，在柏林的军事法庭做出最终判决："里芬斯塔尔没有从事过应受惩处的支持纳粹统治的政治活动，没有致力于建立与自己艺术事业无关的联系，她与希特勒之间不存在暧昧关系。"从此，还这位女导演里芬斯塔尔的一个清白，也改变了她多姿多彩的人生。

为了排解心中的郁闷，里芬斯塔尔把全部精力都投入到自己的事业中去。她马不停蹄地一部接着一部地拍戏。有时，第一部戏还没有拍完，她就开始研究第二部戏的剧本。有的时候她还利用许多时代的拍摄手段，几部戏交叉进行。这样不仅节省了大量的时间，也节省了财力和物力。里芬斯塔尔把自己整个生命都留在她创造的艺术中。她视自己创造的艺术品为生命，一直不懈地奋斗下去。里芬斯塔尔的心血没有白费，她的事业获得了巨大的成功。她的作品也和她的名字一样，在世界各地广为流传。

在里芬斯塔尔成名的过程当中，她一直以女强人的强势风格出现。这不仅是她学习刻苦，具有渊博的知识，而且和她大胆实践，长期在第一线工作，事业上卓有成效也有直接的关系。在当时的德国社会，里芬斯塔尔像电影明星一样，成为家喻户晓的人物。她的名字通过《奥林匹亚》这部片子，也被世界许多国家的人们所熟悉。继而她大量的影片和著作，在世界各国广为流传。人们不仅喜欢她片子中的强势主题和她著作中硬朗的风格，更主要还喜欢她作为女性代表为社会所做出的杰出贡献。

女导演里芬斯塔尔是一个生存意识极其强烈的人。虽然她一直过着衣食无忧的生活，但是在工作中，她却十分努力。几十年来，作为导演，她一直拍摄大量的纪录片和电影。其中她内心的真实感受也可略见一斑。她还出版过许多著作，都是介绍她个人的所思所感，她的作品始终占据着欧美畅销书排行榜。有时，人们的阅读速度没有她创作的速度快。旧的作品还没阅读完，新的作品就已经问世了。她不仅是高产的导演，也是高产的作家。

在 100 多年的生命历程中，足可以证明里芬斯塔尔养生有道。她长寿的秘诀也是人们津津乐道的一个话题。为了使自己感到年轻，她一直在心里忘记自己真实的年龄。甚至当她 70 多岁的时候，为了适应工作，她还谎称自己 50 多岁。她说自己 50 多岁，是因为她的容貌确实是比自己的实际年龄让人感觉年轻许多。有一次，电视台来采访里芬斯塔尔，她照了照镜子，便婉言谢绝了。因为她发现自己脸上已经有了皱纹，外人很容易就可以看到。里芬斯塔尔一直在心里认为自己是世界是美丽的女人。她对自己有超乎寻常的自信。特别是在身边发生紧急情况的时候，她总是能临危不乱，头脑清醒，有条不紊地处理着每一个细小的环节。直到她年老体弱，她还仍然坚持外出体育锻炼。她生活的周围，如果不了解她的实际情况，没有人会相信她真正的年龄。美丽是她一生所追逐的。她要求她个人人格是完美的，她要求她个人的形象是无可挑剔的，她要求她的作品是精美绝伦的。正是因为一生向往美丽的艺术境界，才使她在各个时期身上都充满着青春的活力，拍出了很多优秀的作品，写出了很多优秀的篇章。生活中，艺术赋予她跨世纪的感染力，她用自己的作品使自己的生命常青。不管自己的人格、容貌、事业，她都很在意别人对她的评价，她更在意生活的细节状态。在艺术上，有时为了别人一两句话，她便反复琢磨，认真仔细地研究。她要求自己的作品十全十美。在这种高标准、严要求的情况下，她的作品具有广泛的代表性，具有很强的生命力。同时，生活中还有许多事例，也可以看出她是一个老顽童。正是她乐天派的心态，以及强烈的生存意识带来的工作狂热态度，才使她的容颜不老，青春常在。

她在工作中是一个非常敬业的专职导演。为了拍摄介绍海洋动植物的影片《水下印象》，尽管那时她已是蜚声全球的大牌导演，身边有许多工作人员为她服务，可是一些事情她还坚持亲力亲为。为了向观众呈现优质的作品，她不顾个人的身体条件，曾经潜水 2000 多次，要仔细了解水下世界的奥秘。她甚至比有些潜水员潜水的次数还要多。正是因为这种生活态度，才使她的身上凝聚着无限的女性魅力，才使她的艺术作品有了很强的生命力，才使她的生命如此辉煌和灿烂。

里芬斯塔尔之所以长寿，是因为她有着一个健全自信的内心世界。她的一生波澜起伏，屡遭非议，还在监狱中度过了挫折的 4 年。然而，尽管饱经风霜，她的内心总有无限的追求，她的周身总有使不完的力气。曾有学者研究过里芬斯塔尔的养生之术，其中潜水是一种非常良好的运动锻炼方式。为了实现潜水拍摄影片的夙愿，里芬斯塔尔还把自己锻炼成为一个游泳健将。有学者认为，游泳会锻炼人身的全部机体，提高身体素质，才使得这位世纪老人长命百岁。

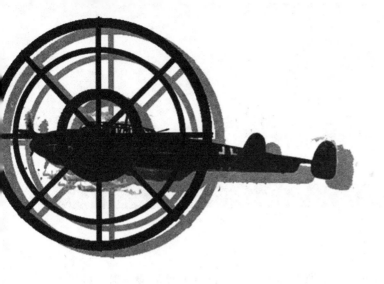

最后的秘书

最后的秘书

二战
浪漫曲

对于在希特勒身边工作的人来说，他的言行中经常透露出一种近乎真诚的坦率和直接，这使得人们很容易接受他话语中的内容。而他在说话时所带有微妙而独特的奥地利口音也同样给他增添了一种令人无法抗拒的感染力。据接触过他的人说，那与普通的德文不同，希特勒在演讲时表现出的那种喷薄而出的气势和抑扬顿挫的声调在他平时说话时几乎完全不见踪影，就如同他的衰老、疲惫被笔挺的双层布料军制服和镶嵌着耀眼徽章的大檐军帽深深包裹掩藏起来以后出现在公众面前的只有那双仿佛永远高高在上扫视一切的犀利眼睛一样。他高亢而略显单直的嗓音在正常说话时像是在喉咙口被折叠过，低沉而富有层次感，变为了一种微带压抑的文雅和睿智。这一切叠加起来，形成的是一种近乎高深莫测的形象。

从与异性交流这个方面来讲，希特勒可以算是一个单纯的人。至少，他对在自己身边工作的女性总是保持一种十分尊重的态度，无论相貌与身份阶层，他都会以同样的标准来对待。尽管他要求手下女性人员和她们的男同僚一样在工作时专心致志不能出现半点疏漏，并且在有必要的情况下完全牺牲个人的自由。不过在此基础上，他却又格外厚待这些特殊的共事者，对待她们表现出的往往是一种肃整却平和的态度，关怀她们的生活，并给予颇为丰厚的报酬。他似乎在与她们保持着一种距离很近的俯视，同时在这份奇特的关系当中寄存了他自己心中可能是最单纯和干净的意愿。

在政治博弈和国际局势动态的把握上希特勒有着极高的天赋，但是他面对女性却一直不怎么太善于把握自己思考和行动的尺度。他对女性的内心定位似乎被强制锁定在了一种固定的美好概念上，致使他太过热衷于愿意相信她们天真无邪的一面，因此很容易被这些年轻姑娘美丽的面貌和动听的言辞所打动并取得他的信任。他无疑是喜爱这些看起来纯洁而有活力的姑娘们的，但是同时他又强迫自己去以接近顶礼膜拜的古典道德规范来对待她们，对年轻女性这种诡异的虔诚，一直伴随着希特勒走到了他生命历程的最后一段时间。

对于这种情况，曾经在希特勒执政快要结束的时候，一直为他担任私人秘书的特劳德·琼格感触很深。在她的回忆当中，叱咤风云的希特勒尽管在那时候已经是一个有些神经质而整日眉头紧锁的半老头子，但是他在演讲台上和军事命令发布时所表现出的指点江山的强势做派仍然不断地赢得来自国内各个年龄段女性们的青睐和求爱，源源不断的情书被送到官邸当中，希特勒知道这些信件的存在，但是从来没有亲手拆看过。真正经手它们的，就是负责私人相关联络事务的特劳德。

1942 年，还是一位年方双十的腼腆少女的特劳德·琼格来到了希特勒的身边，与其他几位小姐一同担任起他私人秘书的工作。对于这位主人，她怀有非常复杂的情感。特劳德在一个单亲的家庭中长大，是母亲从小含辛茹苦地一手带大了她。尽管母亲的疼爱对孩提时代的特劳德印象深刻，但是她仍然希望能和其他人一样得到来自父亲的温情。这种想法伴随了她很多年，渐渐长大到能够独立生活的时候，在家中事事受到外祖父严厉管束和规定的特劳德开始寻求自己的世界和人生道路。在尝试了几条并不成功的求职之路以后，几乎断了生计的特劳德不得已之下来到了柏林投奔自己在这里生活的妹妹。但是来到后者这里之后，并没有能够很快如自己所想象的那样找到合适的工作。这让特劳德非常苦闷。她的妹妹也为姐姐的烦恼而担心，在她的努力之下，终于通过一位朋友联系到了一份非常体面而待遇优厚的特殊文秘工作，工作的地点就在元首办公室。这份特殊的际遇成就了她与晚年希特勒的一段共同工作的经历，也让她得以见到了后者不为外人所知的柔和一面。

事实上，和人们想象的不一样，在来到这里最初的一段时间里，特劳德所执行的只是一些非常外围性质的工作。和应聘来此的许多人不同的是，她的初衷没有借此机会接近元首身边高官或元首本人的意思，能够得到这份薪水还算不错的差事，对她来说已经算是非常值得高兴的事情了。能够成为希特勒的私人秘书完全是出于后来一个非常偶然的机会，在她来到这里不久后，办公室内部举行了一次看起来平淡无奇的打字比赛。她原本无意参加，不过当初介绍她前来的那位妹妹朋友家的亲戚保曼却暗示她要尽量参与，"结果也许会给你个惊喜。"，他这样说。

这句话说得并不算是夸张，没过多久，当在比赛中获得优胜的特劳德知道自己将要和几位成绩同样不错的同事去面见元首的时候，她惊讶得好一会儿没有回过神来。在一番匆匆忙忙的整理之后，终于在一间小会客厅里，六个年轻的女孩迎来了希特勒的接见。

希特勒在那时的德国无疑是头面人物中的头面人物，强势而激烈是他在多数场合下留给人们最显著的性格印象。然而根据特劳德的回忆，那一晚，她们所见到的却是一位平和而有礼的老人，面孔缺乏色彩，身体略显瘦弱和佝偻，但是皱纹围绕的双眼目光却十分专注，透出一种沉默的坚定。按照特劳德自己的描述，比起一位国家的威严元首，这一刻的他看起来可能更像是个在柏林某条街尾的邮局里干了一

二战浪漫曲

辈子的老书记员。

　　年轻的姑娘们恭敬地站成一排，战战兢兢接受着这位不可一世的人物的检阅，希特勒却表现得很和蔼，随意地向她们询问了一些问题，并亲口告诉她们，今天召集她们，是希望能从她们当中为自己挑选一位合格的私人秘书。也许是和善的口吻和声音，也许是年龄差距所造成的影响，当希特勒说出"希望你们今晚过得愉快"时，特劳德忽然产生了一种这个神色寡淡的老人其实很亲切的奇妙感觉。

　　以一种虔诚信徒般的心态，她最先进入了元首办公室，开始面试。当她坐在打字机前面的时候，希特勒微笑着告诉她不要紧张，尽自己所能按照他口述的内容把字打好就行。但是特劳德实在是难以抑制自己的心情，随着希特勒的口述，漏洞和错误在她手下渐渐堆积得越来越多。正在她不知所措的时候，忽然一个要紧的电话进来，希特勒停止了说话开始与来电沟通。她趁机把字条重新整理了一遍并调整了一下心情，等到他回来继续念后半段的时候，这一次就顺利得多了。一段时间以后，她以较好的成绩进入了元首的视野当中，并成为了他的私人秘书。

　　对于特劳德来说，在这份工作当中除了对于希特勒作为国家首领人物那份敬畏和重视的虔诚态度之外，另外还有着一种微妙的、希望亲近这位地位遥在自己之上却又每天在如此之近的距离内相处的长辈。后者严肃而温和却又带有明显不可违抗性的发言地位，使她似乎找到了想象当中"父亲"的感觉。顺应着这种想法，她在这里表现得也恰如一个在家庭中排居末位的女儿一样，不声不响地对这位"父亲"尽自己所能地提供着协助和维护，但这种单纯的印象并没有伴随她太久，在之后的几年中，希特勒的形象随着战争的进程而在她的心中发生了数次变化。这种情感也随之而变的愈加复杂而难以言明了。

1942 年，东线战场依然在僵持当中。严重地消耗着德军最精锐强势的陆军与空军的力量，希特勒原本计划在前一年结束对苏联战争的想法正在面对越来越严峻的考验。另一方面，近在咫尺的盟军也开始蠢蠢欲动起来，他不得不把目光更多地放在巩固已经被自己所占领的欧洲地盘上。加强各处的防卫，并搜集来自各个地区的情报，以便随时应对英法部队和美国方面的行动。不过毫无疑问，对希特勒的计划造成了最大拖累和麻烦的，还是他花了大力气仍然久啃不下的苏联。

1942 年春天来到得时间比想象得要晚很多，远东西伯利亚的严冬对苏德双方僵持在莫斯科郊外一线的部队来说无异于展开了一场悄无声息的大屠杀。由于补给线漫长又陷入冬衣短缺，仅在人数上占据优势的德军比起在他们不远处的对手来说情况分毫都不容乐观。一个冬天当中，战死和冻饿、疾病而死的轴心国联军人数竟达到了百万人以上，有余力发动进攻的师团不足总数量的二十分之一。

挫折带来的耻辱感让希特勒愤怒而烦躁，这种情绪尽管没有直接在平时的工作当中对特劳德等普通员工表现出来。但是作为总理府和纳粹政府乃至全世界德国势力控制的地区的核心，他内心的一喜一怒都像是被无限地放大了，特劳德所在工作室的气氛也因之而敏感地随着这个人的情绪发生着变化，使得她们往往不得不一边抑制住对这种气氛下意识的揣测一边继续工作。讨论那些并不是她们的工作，那些将军和纳粹的干部们才是需要为元首在这些情绪影响下诞生的决策负起责任的人。

难熬的冬季终于过去，随着前线情况逐渐缓解，希特勒仍然希望在这个年度结束这场漫长而艰难的战役，将苏联踩在脚下。夏天的到来让他对这份带有明显报复心理的愿望变得更加信心十足而且急不可耐，大量的物资和武器被再次运往前线。不过，前线现在最需要的生力军德国是无法马上提供的。所以从盟国和仆从国家索取战斗人员就成为了德国当下的另一项重要任务，意大利、罗马尼亚、斯洛伐克、西班牙、匈牙利都成为了这次希特勒东线作战的募兵场。作为主要盟友的意大利尤为受到重视，希特勒的几位重要将领相继向意大利元首墨索里尼提出邀请，希望他能派兵帮忙攻打苏联。但是意大利方面也有自己的算盘，政府中头脑冷静的人物已经看出这次增加兵力强征苏联未必能够收到如希特勒所想象的效果，同时，墨索里尼也想借机趁火打劫一番。在几番讨价还价之后，双方才终于达成了协议。如此一来，加上来自意大利的部队，希特勒共得到了七十一个师的异国军队，加上德国派出的后续部队和前线尚能战斗的人员，接近两百个师的部队将会加入到对苏联进行的夏季攻势当中来。

　　前一年的严冬绊住了德军的脚步，也让希特勒一直以来坚持信奉的突击进攻战术受到了一次在他看来虽然不能算是颠覆但是却足够窝囊和耻辱的挑衅。这次他手中所掌握的这支庞大的军队重新让他焕发出了信心，他坚定地相信，凭借这支武装力量，前一年冬天没有达成的目标将会在这个夏天被出色地实现。不过这一次作战当中，希特勒稍微改变了一下进攻的方向，他把目标放在了苏联南方重要的几处战略石油资源和粮食供给基地，准备利用摩托化步兵和装甲部队的突进能力和苏联大片的平原地区完成对这几处血脉的控制。

　　在整个庞大的侵略军团当中，约由其中一半士兵所组成的南方军团在飞机的配合下集中掠取进攻这几处战略目标。按照希特勒的计划，在七月之前，要夺取刻赤半岛等几处据点，保证接下来对斯大林格勒的合围攻势能够得以顺利进行。在完成了这一系列铺垫之后，再一举将斯大林格勒拿下，迫使苏军再也无法从这座连接着重要战略资源基地的城市获得半点便利。更要让苏联从高加索地区获得盟军方面提供的援助从此断绝，再也不会使之对德国掠夺苏联资源之后使这个国家陷入孤立和困饿的计划造成进一步的阻碍。

且不论这个计划进行的过程当中美国和英法是否能够坐视不理，事实上，德国当前要执行这种计划所能够依仗的突然性和迅捷性在之前冬季所遭遇的停滞当中已经暴露出了它的弱点。那就是当这种行动模式事先已经被敌人所知的时候，如果对方采取了足够有效的防御和拖延性措施来应对，而深入敌人国土上处于补给劣势的德军又在短时间内无法达到占据高加索油田和粮食产地的目的，在反复拉锯过程中消耗的宝贵时间就会成为埋葬德军的丧钟。

这种担忧在发动这场进攻之前无论在纳粹政府内部还是军队基层都并不是没有人提及，但是在希特勒的积极和狂热情绪带动之下，作战计划中显现出的战线过长、对敌方抵抗力量判断过于乐观等问题被掩盖了，无人能够动摇他以德军的战斗力为筹码豪赌一把的想法。然而，"豪赌"却也往往意味着一件事，那就是参与者本身无力承担在赌局中失败所将会面临的代价。

这种不祥的预兆最终还是应验了，急功近利的德军按照命令分兵进攻两个方向，但是没有能如想象的那样在正面战场上凭借军器之利大量歼灭苏军有生力量。苏军判断出德军夺取斯大林格勒的意图，便将兵力收缩布置于此，利用据城防守的方式抵消了德军的局部数量优势和卓越的机动能力，把局面达成了消耗战。而另一面进攻高加索的德军尽管损失并不惨重，但是前进也十分艰难。进度的迟滞让攻入苏联内陆的德军再次被拖入让他们最头疼的严冬当中，苏军趁此机会在英美援助下发动反攻，一举击败位于斯大林格勒附近的德军，逼降德军第六军团。希特勒迫于形势，只得召回了刚刚逼近高加索附近的另一支部队。

从前一年的先期入侵到这一年的二次大规模增兵，再到兵分两路各自遇阻陷入苦战铩羽而归。这场持续了半年之久的超级大会战终于到此告一段落了。希特勒在柏林为"全员战死"的第六军团发布全国哀悼令进行缅怀的时候，该军团包括数十位将军和指挥官保卢斯在内的九万残存官兵正在战俘营里接受临时审问。他们是进攻斯大林格勒的主力德军仅剩的一部分人了，在这场会战当中，德军损失了一百多万的战斗人员。他们不仅续演了上一年冬天在苏联所遭遇的苦难，还把这种厄运翻了倍。

希特勒攻占斯大林格勒和北方油田的想法在苏军和美欧等反法西斯国家的共同努力下被一举粉碎了，也等于是把他图谋中亚石油动脉的想法彻底斩断。而反过来，自从苏德开战以来因为猝不及防加上内部问题重重导致一直处于挨打位置的苏联方面通过这次漫长的会战重新锻炼出了一批优秀的前线和高层指挥员。加上斯大林格勒会战当中有效消灭了大量德军有生力量，苏军终于"翻身农奴把歌唱"占据了战场的主动地位，并由此开始了对德国的战略反攻。苏德的攻守开始易位，迫使德国在原本应该已经结束战斗的东线战场上继续投入大量的兵力和资源来应付，在客观上这样也吸引了德国的注意，为美欧盟军在欧陆讨伐德国提供了便利。越来越不利的国际形势使德国在战争发起之初的主动地位不复存在，因此在历史上，人们也都将这场会战视为二战欧洲战场的重大转折点。

姑且不论反法西斯盟军方面对这场胜利的心情如何，在柏林，斯大林格勒战败带来的坏消息渐渐蔓延到了军政首脑会议室以外的地方。在这之后，元首司令部的氛围发生了一些微妙的变化，开始变得有些压抑。由于工作场所和某些时候的需要，希特勒经常会有和他的秘书们一起用

希特勒的女人们

餐的情况。在这次会战之后，特劳德等人被事先告知，要求她们不要在元首用餐的时候提及这场战役以及相关的话题，尽量说些普通的、生活上的话题会比较好。因为受到了这样的"叮嘱"，在餐桌上，特劳德很注意自己的言行。事实上，更多的时候她并不怎么说话，对这位自己服务的元首的认识让她更加习惯于倾听和观察。希特勒在和这些年轻女孩与亲信们用餐的时候也表现得与在讲台和军事会议上那副咄咄逼人的样子截然不同，尽管仍然喜欢高谈阔论，但是却显得亲切随和得多。这时的他，看起来更像是一个面对餐桌上众多亲人的家庭长辈和主持者，而不是一位统领着整个国家与战争机器的领导人物。

特劳德在希特勒身边的日子里，所看到的不仅仅是希特勒作为"元首"的样子，还有他作为"普通人"的样子。希特勒曾经在和她的交流中透露过自己的许多生活细节，比如在公共场合他不喜欢被人碰触，他的口袋里放有好多钥匙，爱娃经常提醒他要挺直身子，不要弯腰等等。综合以上的所有特点，在特劳德眼中的元首，是一位有着多种意义上洁癖，而在陌生人面前有些孤傲矜持又十分注重自己外表形象的人。他非常注重细节，即便是在家中，每次被心爱的狗舔了手，他都要去洗手。

希特勒最喜欢的一条宠物犬是一只名叫"布朗迪"的短毛小狗，它体型适中，受过专业训犬师的调教，非常聪明可爱。布朗迪会判断主人的心情，在需要的时候主动来找希特勒玩耍，甚至还能按照主人的口令"唱歌"。希特勒对这只小狗的感情很深，特劳德觉得，希特勒在某些时候像一面镜子，当面对单纯的对象的时候，他的心态和思想往往也会随之而变得平和纯净。有时候这种变化程度之大，足以令特劳德和希特勒身边的其他人感到惊讶。很久之后，特劳德对希特勒的性格和观念做出了这样的推测："他似乎从未意识到自己是在一条罪大恶极的道路上一

意孤行。在他心中，那是一些非常高尚的目的。一个人的生命对他来说并没有多么重要。"

希特勒的单纯其实在某种程度上也是可怕的东西，他能够以毫不转移的意志为一件事情的成功而使用一切的手段与力量。人性的承受能力和人本身力量的极限并不在他考虑的范围之内，人员只是他实现目标的工具。对于希特勒而言，能够最好而且最有效地利用为自己工作的人，这才是正确的对待。他虽然在私下里会流露一些很自然、非宣传需要式的本色行为，但是却是一个很少会用语言表现感情的人。不过希特勒在演讲当中却非常善于运用这类词汇来争取人心和博取同情，在他领导下的德国曾经取得了极其令人振奋的经济成就，透过现象直奔本质的思维方式让并不怎么懂经济术语的希特勒在宏观方向上把握到了最为正确的那条脉络。为他执政最开始的四年当中德国经济的恢复奠定了基础。

二十世纪初期的年资本主义世界经济危机，希特勒本人利用这个机会炒作社会矛盾为自己的纳粹党造势并试图在大选当中夺取政权，在这个过程当中，纳粹党开始在他的主导之下规划自己的经济纲领。由于经济危机的余波在接下来的几年当中持续不散，人民对当前国内经济形式变得越来越不满意，这使得希特勒也越加重视纳粹党在这一领域的作为。两年后，他专门命令党内的干部设立了经济理论研究和情况分析机构。但这并不意味着希特勒本人对经济突然产生了兴趣，政治上的敏感性让他意识到，在当前情况下，人民的诉求越是激烈，可以利用和引导的价值就越高。而如果能够通过经济手段争得人民的支持，那么自己的纳粹党就可以不费什么力气，堂而皇之的取现政府代之，掌握德国这艘潜力无限的大船，让它为自己所用，在世界上闯出一番事业来。

在这种思想的指导下，他在经济领域利用纳粹党的宣传机器和影响力四面出击，针对不同人群的需要宣传了许多经济概念和设想，因为是为了争取支持，在这些说法之间有很多是完全不切实际甚至毫无交集之处或自相矛盾的。不过即便如此，希特勒所拟定的所有经济政策总体上仍然有两条最为核心和关键性的原则：

首先，他绝对拥护资产私有制的存在。这一点不仅符合现有许多普通居民和中产阶级的利益，同时也博得了大资产阶级的好感。这与当时许多因底层劳动人民疾苦而诞生的激进共产主义团体所主张的社会平等分享财富与生产资料的设想形成了鲜明对比，比起纯粹的理想化公有制，客观来说这种观点确实更加具有现实意义。但是过于谄媚社会主要资产拥有者们的嘴脸，证明了这并不是一个真正如他所描述那样有益于所有公民的政策。他曾经明确表示过，国家接管工厂、企业等经济实体是不适当的行为，因为资本家和大的地主、财阀把它们"管理得很好"，有着"能够满足民族利益需求的"良好现状。只有当这个标准被违背的时候，国家才应该接过管理和控制经济实体的棒子。

如果说这一点还算是只在国内逢迎大资产阶级利益的话，那么希特勒的另一项主张则是彻彻底底的野心宣言了。他认为，经济如果想要保持活力和生命力，一直可以欣欣向荣。就需要强势的政治活动和政治方针作为后盾。并提出了"没有什么国家是依靠和平手段崛起"的狂言，毫不隐晦地宣扬通过战争对外进行掠夺和攻击来获得更多的生产资料（土地）来为国家经济提供能量的想法。

这就是希特勒所谓的"经济思想"。在那人心惶惶的几年时间里，他就是依靠这种强势的、带有刺激性的宣传来为自己捞取支持，最终成功率领着麾下的纳粹党登上了执政党的宝座。1933 年，希特勒宣誓成为了魏玛共和国的总理。而就在他就职的第三天，《告德意志国民书》粉墨

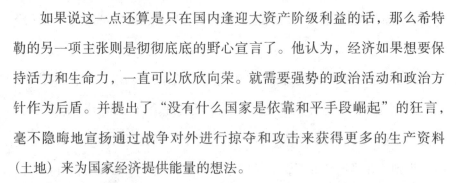

登场，公告中宣布，纳粹即将实施"四年经济计划"。在这份公告当中希特勒郑重承诺，将会按照自己在上台之前所描绘的那样，在保证压制通胀和避免国家介入到经济市场当中来的前提下，尽所有可能改变局面并使当前失业横行的民生状况得到有效改变。

尽管理论上正确，但这份计划原本无异于痴人说梦，除了纳粹党在希特勒手下形成的雷厉风行的行事原则之外，他并没有什么信心和能力来完成自己所承诺的目标。然而有一个人能。在政治上，希特勒如果能算得上是此时的德国第一人，那么，雅尔玛·沙赫特博士就是希特勒统帅下新魏玛共和国政府的金融和经济之父。他以自己无出其右的经济治理能力和金融理论加上纳粹党出色的执行能力和希特勒政府的号召力主持了一系列的经济政策。最为主要的一项就是以国家名义发行了一种特殊的短期商业债券，这种手段为德国在紧急时期募集了大量的资金，又避免了与财政赤字发生挂钩威胁到国家经济。加上由他所推动的诸多对内对外经济政策配合，这一时期的德国成功进入了以垄断资本主义和国家干预护航之下的稳定复原阶段，并通过大规模基础工业生产和军备积累开始向战争型经济形态过渡。

依靠极权政治模式下实现的强力控制，搭配沙赫特监管调控下严格执行的经济政策实施细节。德国的经济在这种严格规范的"作息"管理之下渐渐恢复到了良性循环状态当中，在短短的几年时间内将凡尔赛和约压制下一团糟的德国经济理清脉络伐骨洗髓，德国的经济面貌为之一振。同时，沙赫特制定出了严密而极具前瞻性的货币政策。配合希特勒一意赖掉战争赔款的强硬政策，渐渐让陷于一战之后经济泥潭的德国恢复了元气和生机，使德国这艘大船开始向具备希特勒所期待的"远航"能力顺利成长。

恰当的合作伙伴和对时局的准确把握，一直都是希特勒除了个人能力之外能够得势的两大重要原因。他擅长并习惯用狡猾和睿智协调自己所能够动用和影响的一切人、资源和力量，但是另一方面，他却又经常对"德国的事业"表现出一厢情愿式非理智的偏执和激昂，狂热与冷静交替出现在这个人的身上，共同形成了他性格的一部分。而这也是让后人很难评述他功过得其中一个理由，而另外的一个理由，也是因为在他执政初期这届政府的出色表现所致。

在这一时期，纳粹领导下的德国利用经济状况恢复正常、国家拥有了大笔的资金的良好现状开始了由城市到乡村的基础设施大规模建设活动。包括平民阶级能够享受的低能耗汽车产业在内的许多产业也在这一时期获得了政府的大力支持。电力，水利和公路网建设可以为工业的再次发展提供便利，但是其建造过程当中需要筹集大量的资金，通常，想要筹措资金，对内只有两种办法，一是增加某些领域的税收，但是这样一来的话比较容易破坏先行薄弱的民众生活条件，让就业增加的好处变的得不偿失。而第二种办法就是增量发行货币，但是这样一来，以现在脆弱的经济环境，必然会让通胀再次于德国上演，这是眼下民众绝不能容忍的事情。

保护自己个人的威信和政治正确，是希特勒将之与"大德意志"之梦并列看待的一项重要原则。身为一个领袖，存身立世不能仅依靠一时的实际表现，还要靠适当的迎合选民胃口并进行自我烘托来让这种来自民众的崇拜和拥戴持续下去。其实这不仅仅是希特勒一个人的政治手段，也是当代世界上绝大多数票选制度国家政客的通用办法，他只是其中演绎得最为典型和成功的一个案例而已。

对于特劳德来说，排除掌握权势征服世界的野心和他所宣扬的大德

二战浪漫曲

意志民族主义的思想，究竟希特勒本人是否对德国人民有着真切的感情，这是当时的她既不敢想也没有理由去想的一个问题。这个人对于德国的影响深深根植进了那段时期整个社会的各个阶层和角落，让她无暇产生这种质疑。时隔许久，得以从多个方面重新审视希特勒的她，才渐渐得出了一个更加客观的结论。

"……'他是不是骗了我们所有人'，战争结束以后，我曾经这么想过。"多年之后，特劳德在叙述这件事情的时候如是说，"后来我觉得，他在后来已经分裂成了两个截然相反的人。我所为之工作和相信的，既不是那其中单独的任何一个，也不是两者单纯的混合。也许最初他也只是一个单纯的理想主义者，但是他的事业和遭遇改变了他，把他变成一个令我们都感到陌生的人。"

事实上，希特勒的元首生涯并不是一帆风顺的，仅为特劳德所知道的暗杀就有一次以上。这些刺杀行动不仅是来自盟军和盟国间谍的计划，甚至也有德国人自己所组织的。后者对于希特勒来说更加危险，因为担任刺杀任务的人就来自德国民众甚至是军队当中，因此防范起来十分困难且格外具有威胁性。只要没有证据，直到他们发起行动之前的最后一秒，他们仍然都是不能被视为有危险的。其中最为著名也最危险的一次，就是由一些反对希特勒对外扩张用兵的德国非纳粹党员军官们暗中组成的"黑色乐队"组织一手导演的会议室炸弹事件。

这个组织起源于一位德国老一辈的高级将领对希特勒倒行逆施独裁统治的愤恨，一些怀有同样情感的军官们聚集到了他的身边。他们普遍认为，德国以一己之力想要完成对欧洲霸权的争夺实在是太过艰难和不切实际，盟军对德国的联合扼杀将会把这个国家好不容易积累下来的一点成就毁于一旦。这些人多次劝说希特勒未果，加上眼睁睁地看着他将德国自一战之后又一次拖入了战争的漩涡当中。这种结果让他们从很早开始就意识到，如果要停止这场战争，就必须将执政的纳粹党和希特勒从政府当中强行赶走才行。但是，在德国没有军人干政的历史，这种行为在传统的德国军人观念当中被视为是不守己道的。因此，"黑色乐队"开始通过各种手段和计划策动军队暴动、叛乱以便对以希特勒为代表的纳粹党进行打击，并尝试着进行了几次暗杀行动，然而这些尝试都毫无意外的失败了。眼见东线战场上德军遭遇了惨败，被打的铩羽而归，"黑色乐队"变得愈发焦急起来，为此，他们经过商议，制订了新一轮的暗杀。

当时，因为苏军自斯大林格勒反败为胜后大举反攻，东线战场的步步败退使得德国内部对下一步行动的决策出现了一些分歧。希特勒为了协调意见和重整战略方向召开了一次高级官员会议，选择的地点就是纳粹党位于德国境内的一处大本营"狼穴"。然而没有人知道的是，"黑色乐队"也已经利用组织中高级军官的影响力让一位对希特勒怀有仇恨的伤残军官施道芬堡得以参加这次会议，借赴会的机会，用炸弹对希特勒实行斩首行动。

到了中午，施道芬堡来到了会议所在的大木房外，手中拎着一只老式的资料箱，里面装着的就是即将放在希特勒旁边的定时炸弹。这里戒备森严，卫兵们个个怀抱机枪，审视着经过面前的每一个人，施道芬堡有些紧张，当然这是在所难免的。不过在经过警卫们身边时，他们对施道芬堡只是简单地上下扫了一眼，他行动不便的身体吸引了他们的注意力，不过似乎是认为这个肢体残缺的年轻军官不太可能会做出什么危险的事情来威胁到别人，警卫并没有多查看他的随身物品，只是让他放弃手枪就没再理会施道芬堡了，他顺利地混入了会场所在的那所木房当中。

跟随着参加会议的人群，施道芬堡低着头，尽量用不让人注意的方式走进了会议室，当然他一直拎着手中那只重要的文件箱，里面藏着的炸弹定时器在进入这片区域之前定时器就已经被提前打开了。如此一来，根据估计的会议进行时间，这枚炸弹爆炸前倒计时的时间刚好能够满足施道芬堡安置好箱子再安全撤离，又不至于因为希特勒完成回忆离开现场而错过目标。此时的会议室里，希特勒正在专心听着副总参谋长豪辛格的汇报，整个房间里面大约有二十人，希特勒有些不满地看了一眼行色匆匆又身带残疾的施道芬堡低头走进来，皱了皱眉头，似乎觉得他太莽撞了，但是也没有说什么。

施道芬堡不动声色地靠近希特勒，在希特勒旁边的一个上校身侧落座，并且轻轻地把藏有炸弹的文件箱放在离希特勒较近的地上，用脚朝他所在的位置推了一下。过了一小会儿，他估计时间差不多了，便对身旁那名上校谎称要去打个电话，文件箱先放在这里。然后就走出会议室了，他走得不紧不慢，没有引起任何人怀疑。按照他的估计，文件箱此时所在的这个位置与希特勒之间毫无阻拦，一旦炸弹爆炸，冲出的气浪应当足以将他震死。然而令他没有想到的是，邻座的这名上校开了一会儿会议之后不见施道芬堡回来，又觉得这个文件箱放在这里妨碍人们来回行走有些不妥，就把箱子挪到了这排椅子后面，这样一来，希特勒与炸弹之间就有了大约两层由椅子形成的障碍。

走到外面的施道芬堡自然不会知道这一切，他在会议室外比较远的地方抽着一支香烟，暗自等待炸弹爆炸。此时，会议室里的人们对此还一无所知，豪辛格的汇报刚刚接近尾声，当最后一小段内容被他念完的时候，另一位官员刚刚站起身来准备对他的汇报发表意见。施道芬堡邻座的那位上校此时终于对他的久不归来感到奇怪了，他看向脚边的文件

希特勒的女人们

箱，正在犹豫要不要去看看那位同僚是不是发生了什么事情。就在这时，那只箱子里面火光一闪，然后迅速膨胀崩裂了开来——

"轰！"一声巨响从会议室里面传出来，整个房间墙壁碎裂四散，房顶垮了下来。听到爆炸声，看到不远处的会议室轰然倒塌，混在惊慌的人群中的施道芬堡心里知道计划成功了，那座房间里面的人即便不被炸弹当场炸死，在倒塌的房间中也凶多吉少了。不过现在没有时间确认希特勒的死活，眼下需要做的最重要的事情就是赶在场地被党卫军和守卫封锁之前快点离开这里，避免夜长梦多露出马脚。

炸弹爆炸后，整个会议室里狼藉一片，到处弥漫着硝烟的气息，桌子和窗户被轰的粉碎，屋顶也被震塌了下来。这次爆炸让一名距离最近的速记员直接被炸死，有三人受到严重的致命伤，两人重伤，其他人则多为轻伤。在这场爆炸当中，由于距离作为元首的希特勒较近，因此受伤的大多都是将军级别的高级官员。不过令人惊奇的是距离爆心最近的希特勒却并没有被炸死，只是爆炸的火焰烧焦了他的一片头发，右臂被震得暂时性瘫痪。而爆炸产生的巨大声响也使希特勒的鼓膜被严重震伤，背部和臀部的肌肉和骨骼受了轻伤，一条裤腿也被炸得没有了。但是这些都无法构成生命危险

尽管受了重伤，但是希特勒的神智很清醒，他知道身边一直以来都存在着一系列并不欢迎自己当前对外政策的人，无论来自各个阶层和组织的都有，只是当下赢得的绝对权威让他对这些并无实际威胁可言的反对者们一直都有恃无恐，因为他很清楚，即便这些人除掉自己的理由再怎么正确和有道理，人民也绝不能容许他们在这个局势下破坏国家秩序的掌控者。不过他万万没有想到被自己如此重视的军方人士当中也存在着这种对象，而且居然会采取如此激烈的手段，这已经超越了反对的范

畴，而是对自己和纳粹执政党彻头彻尾的叛乱行为。

来自自己人的反叛让他感到愤怒和后怕，这显然是一次有意将他置于死地的攻击，如果不是侥幸有遮挡物存在，这次暗杀恐怕已经成功了。希特勒将无比的怒火发泄在了所有参与"黑色乐队"的人身上，德国境内很快就展开了大搜捕行动，所有参与者都被挖了出来，一律处死。而一些并未参与其行动只是曾经与"黑色乐队"发生过接触的将领也受到了株连和怀疑，出于报复的心理，希特勒命令希姆莱等人将这场肃清活动持续了很长一段时间。

7月，欧洲的德军在美军强大的"眼镜蛇"攻势下变得破碎不堪，曾经被"黑色乐队"极力拉拢但是因为始终没有加入而逃过希特勒屠刀的克鲁格元帅在一意孤行之下造成了部队被盟军包围的境地。在这个时候，希特勒得知克鲁格曾经私自同一些人神秘失踪了十七个小时之久才回到自己的军营，希特勒得知这一消息后认为克鲁格绝对是去和美军的指挥官巴顿进行秘密协商打算单独媾和乞降了。原本，克鲁格和希特勒之间的关系还算不错，在克鲁格的一次生日上，希特勒曾经赠送给了他数十万马克的礼金作为庆贺。但是长久以来积累的不信任与发生在前线的可疑事件加在一起，让希特勒对这件事暴跳如雷，他毫不犹豫地下令解除了克鲁格的职务，让他去柏林报到。熟悉希特勒为人和手段的克鲁格知道这次自己难逃一劫，在最后的时刻，他并没反抗前来接他的国内人员，而是在途中写了一封信劝说希特勒尽早投降结束这场战争，然后找了个机会独自走进一片树林拿出了氰化钾服了下去。

克鲁格的死讯没能让希特勒的怒火平息，反而越烧越烈，他顽固地认为这些曾经与"黑色乐队"的叛徒有染的将领们至今仍然存在着对自己反目的异心，这让他再次产生了彻底铲除这些异己分子以绝后患的想法。这一次，还在家治伤的隆美尔成为了他的目标。隆美尔先是接到了和克鲁格相似的命令，命令他即刻返回到柏林去。但是这条命令被隆美尔拒绝了，此时的他还希望元首能够把他派回前线继续指挥战斗，但是随后不久，他的家中就来了两位将军与隆美尔进行单独谈话，说完之后，这两位将军就到外面的车中去等候了。隆美尔沉默了许久，告诉家人，希特勒对他下达了自杀的命令，理由就是意图与人组织谋杀元首，如果他不抵抗地照做，就可以换得家人的平安和死后的荣誉不受侵犯，这件"罪行"将被永远隐藏起来。这位功勋卓著的将领非常清楚，元首的意志一旦确定下来就无可动摇，他告别了自己的妻子儿子走出家门，服毒死在了那两位军官开来的汽车当中。

希特勒为隆美尔举行的葬礼非常隆重，他如约履行了对后者的承诺，没有伤害他的家人。毕竟，隆美尔这根正面图腾在这种艰难时期是不能随便被推倒的，这种矛盾的暴露只会让他和德国的敌人为此变得更加欣喜若狂并且获得一个更有利用价值的舆论宣传点。但是从这时候开始，希特勒的性格已经完全转变成为了一个狂妄而多疑的人。他似乎是刚刚意识到，他把自己摆到了一个如此孤独的位置上，接受着众人的膜拜，享用着众人的追捧，但是实际上彼此却只是控制和被控制的关系而已。这并不是单向的描述，在德国元首这个宝座背后也拴着来自这些人手中的提线，只要一有机会，他们无疑会对自己也尽可能地施加各种影响以图把局势转入到他们自己谋划的利益轨道里去。然而在此前对这些人心中的想法，他自己其实是一无所知的。

这件事情给特劳德留下的印象很深，作为那时为数不多仍然与希特勒有着直接接触而后来又活到了战争结束的人之一，她认为，在此之前，对于希特勒来说，或者说在他的思维当中，战争打到一定地步或许还存在着以宣布停战投降来换取和平的备选方案，他还可以用自己的机智和诡辩来换取德国与他自己的存活以图之后寻找机会重新崛起。但在这次刺杀和肃清事件之后，失败的后果已经成为了他心中的一块不能碰触的隐痛和噩梦，他绝不可能会选择这种把命运交到别人手中的和平，一定会一战到底。那段时间，特劳德在希特勒身边工作的时候从这个人身上所能感受到的一种情绪就是无援和空执，剥开百万德国大军与政府高官乃至纳粹党中的追随者塑成的厚重外罩，孑身一人的希特勒身边实际上并没有多少与他生死同心的伙伴。这种情形之下，他无论为了德国还是他自己，都只能沿着这条自己选择的路走下去，并无其他转向的空间。

"刺探"到这种"秘密"的特劳德曾经一度感到不安和些微的惶恐，希特勒本人在德国积威多年，这场刺杀虽然让纳粹党和德国政府颜面大损，却无法真正动摇他在人们心目当中的地位。这种印象中延伸而来的敬畏让他自然带上一种气场，使得她甚至下意识地在希特勒经过身边的时候尽量避免让自己去想他的名字。也就是从这个时候开始，在特劳德心中，希特勒开始失去了理智温和的亲长的形象，变为了一个越来越陌生而强硬的人。

希特勒的一种思想深深烙印在了特劳德的心里，那就是希特勒对德国局势种种的预测，是以"没有希特勒的德国"为前提的，这种预先否决了德国在摆脱希特勒控制的情况下一切未来可能性的思考原本只来源于他自身的主观想法，但是在纳粹政府早期相对正确的领导和其宣传机器对希特勒个人崇拜的长期推崇影响下，希特勒的个人言行与命运被在观念上与"德国"捆绑在一起，使得特劳德等人一直以来都留下了一种深刻的印象，从内心自然而然地否定了除了走希特勒战争路线之外的另一种德国。多种因素在共同作用下，许多人都笃信希特勒仍然是德国唯一的希望。

应该说，在将德国牢牢掌控在自己的手中这一点上，希特勒做得很成功，这既可以说是他一贯自信所带来的影响，也可以说是让他的自信在如今德军境遇不佳的情况下仍然能够高昂保持的前提。他仍然有信心和力量将战争持续下去，但事实上，德国已陷入两线作战的艰难困境。此时盟国规模庞大的诺曼底登陆战把德军在西线的部队打败，又趁着德国艰难建立起来的防线马不停蹄地向德国边境冲去。因此，如果按照希特勒的想法将战争进行到底的话，那么这所谓的"到底"唯一的可能就是盟军打到德国本土后最后一位活着的德国士兵投降或战死。这一点是身在高层的希特勒本人所无法体会到的，就如同上面所说的那样，人对于他来说就是被安置进了各个不同岗位的工具，他需要考虑的就是怎样去尽量发挥它们的作用来达成作为决策者的自己的目的，仅此而已。

在诺曼底登陆打响了二战欧洲对德国法西斯的全面反击之后，登陆的盟军部队像一枚楔子一样钉入了纳粹所占领的法国。空中和地面的部队顺着这块地区建立的据点大量涌入法国境内，攻占海岸一带的机场、城镇、仓库和道路，并分别展开阵型扑向德军的阵地。在美欧多国联合部队的重兵压力之下，德国建立在法国内陆的防御系统难以久持，从一开始还算是有秩序地一边控制战线变化一边掩护友军或接受友军掩护进行交替撤退，逐渐变成了以保命为主要目的的遁逃。加上盟军方面攻势神速，德军在这种情况下一时手忙脚乱，被打得节节败退。盟军方面借此机会努力加速对在法德军包围圈的打造，意图尽可能地消灭德军的有生力量。

就在盟军方面准备加大兵力扩展战果、将德军尽量歼灭的时候，其统帅层却出现了一些分歧。由于前来参加法国会战的部队由许多国家共

同组成，因此在对德国守军的进攻作战当中的推进效率各自难以统一，一些地区其他国家部队的作战进度无法赶上作为盟军主力的美英军队，因此在战役打响一段时间以后，盟军就不得不面对可能会出现因为战区划定太过严格而导致各个据点的德军因彼此作战进度不一而导致战线出现缺口的风险。然而几位身份最高的前线统帅却因为对一些先完成了作战任务的部队跨过预先设定好的防区帮助其他国家的友军共同攻击德军的方案反响不一，因而难以在短时间内拿出解决的办法来。

事实上，如果此时，他们对面正在溃退的德军同行能够从盟军当前的表现当中估测到这件事的话，那么他们完全可以选择扼守住一处盟军前进道路上具有重要意义、且防守部队建制还算完好的据点并与之汇合，聚集前线溃退下来经过此处的德军败兵巩固此处的防御，为后方来自本土的支援和反攻争取时间。借鉴之前东线战场上苏军的防守经验拖长敌方的补给线打上一场斯大林格勒式的战争，毕竟法国与德国实际上是接壤的，如此一来，即便不能达成战略反制的目的，也至少为自己换来逼平这场战争的希望。而盟军方面此时能够打破门户和国籍之争，协同努力共同完成战线的平齐推进，就能最大限度地减少撤退的德军所保留的有生力量并减少友军伤亡。不过在这个奇怪的阶段，大家却都只是在用各自的方式浪费时间而已。

这种无意义的争论一直发展到一份情报被送到了盟军的指挥部桌面上为止。根据这份情报分析：法莱斯地区以西的德军部队已经阵脚大乱，有迹象表明，他们已经不拿希特勒的命令当回事，已经开始准备向东紧急撤退。根据这种情况来看，德军的撤离计划比盟军方面所掌握和估算的速率还要快和灵活得多，以现在迟缓的平均推进效率，等到完整的包围圈完成之前，德军依然遗留在合围范围内的部分将所剩无几。盟军在法国最重要且关键的战略目标之一也将就此失去达成的机会。

忙于为各自国家战后抢功做准备的盟军指挥部终于意识到了问题的存在，为了挽回错失的机会，布莱德雷命令巴顿留下了 2 个师准备与盟军汇合，其余的美军向东北方向迂回，争取歼灭撤退的德军。然而匆忙当中，他没有下令让空中侦察部队预先对消息所描述的德军"溃退"进行侦查确认，而是选择了完全相信那份情报。到了 8 月 15 日下午，盟军的情报部门展开独立侦查后才发现，在此地的德军并没有像之前所说的那样已经处于"混乱而急速"的撤退当中，在阿尔让唐地区竟然还留有 5 个阵容比较完整的敌军装甲师团！获知此信息布莱德雷不由得冷汗涔涔，这场原本打算关门打狗的战斗中居然还围住了这样一头老狼，尽管对方的战斗意志已经疲软下来，但即便如此，这也绝不是那两个奉命留守的师团能够吃掉的敌人，他随即急令向东北方向迂回的美军部队即刻返回，赶去援助或者说援救留下来仅有不到敌人一半兵力的留守部队。

不出他所料，这支德军在 16 日凌晨开始进行突围，前线指挥官敏锐地察觉到了挡在前方的美军部队人数不足以长时间拖延由装甲力量武装起来的德军部队，当下毫不迟疑地率部强烈攻打留守在阿尔让唐的美军。2 个师团的美军利用建筑起来没多久的固定火力和防御工事苦苦抵挡德军的进攻，但是美军和加拿大部队之间的有着将近二十公里战线缺口，其中有两条乡间小道很快成为了冲破美军火力的德军突围的重要路线，缺乏机动力量又被敌人火力压制住的美军几乎只能眼睁睁地看着围进来的德军闯出包围圈向其中一条道路转移过去，自己却被打的寸步难行。

成功脱出的德军部队里弥漫着逃过一劫的庆幸和对身后随时可能追赶上来的敌人的恐惧，他们挤满了这条小道，他们趁着天气变得非常多变，盟军无法出动战机进行轰炸，尽量以轻装前进，拼命地向外撤退。

然而，这种顺利情况只持续了一天不到，到了 8 月 17 日，也就是突围成功的次日，天气状况好转，亡羊补牢的盟军战机立即升上天空，找到了仍然在陆地上拼命向后方撤退的德军，来回俯冲对这股敌人进行疯狂扫射和轰炸，迫使他们停下了脚步，此时后方的美军也回过了一口气，带上火炮汹汹赶来，配合空中打击的战斗机对德军进行集火攻击。德军士兵尸横遍野，但仍然顽强支撑着十几公里的缺口，努力撤向后方。辎重部队扔下大量笨重的军用物资，德国士兵分成小股，有的顺公路两侧，有的穿过乡间田野，拼命地穿过盟军战机和地面大炮的火力攻击向东逃跑，美军没有遭遇任何抵抗和反击，这使得他们可以尽情对德军进行轰炸，这次撤退使得成千成百的德国士兵在这场单方面的屠杀中失去了生命。

毋庸置疑，法莱斯战场是二战战役屠杀最为惨烈的一次。那一带的公路和田野上像垃圾场一样，到处都是横七竖八地丢弃的德军物质装备以及士兵们血肉模糊的尸体，无论是步行还是乘车，想要从陆地上通过这个地区都完全没有路可以走。

经过这场盟军歇斯底里的截击，德军付出了惨痛代价之后只成功地撤出了一部分人，其余驻扎法国的德军部队当中的绝大多数却连这样的机会都没有了，他们绝大多数陷入了盟军合围完毕的口袋阵里，或者被歼灭，或者投降。西线的德军彻底丧失了完整的阵线和抵抗能力，余下的外围据点要么丧失了防守的意义，要么就是守军失去了防守的意志。从法莱斯突围而出的德军部队溃散丢盔弃甲的样子打消了很多人的信心，促使他们也抛弃了自己所应当坚守的防御阵地，拼命地向德国方向奔去。

希特勒听到这一消息后，垂头丧气，好像霜打的茄子一般，他把 8 月 15 日称为德军"最不幸的一天"。从此，在欧洲陆地上，德军所能控制的地盘已经彻底缩回了本土。纳粹德国的命运，已经距离最终的结局不远了。

战况继续地发展着，在希特勒的能力范围以内，他依然按照自己所认为的情况对所能够控制的正规军部队和党卫军将领们签发着各种命令，尽管这个范围已经随着战争的延续而变得越来越小了。而他所做的一切努力，对局势的改变也变得越来越没有实际意义可言。到了1945年4月末，敌人的脚步已经踏到了柏林的大门口，随着人们逐渐开始意识到事情不会再有转机，整个总理府的气氛一天比一天变得沉闷而阴郁。为了改善一下心情，4月21日，希特勒身边最亲近的情人爱娃强打起精神，在总理官邸组织了一场晚会，放上几张大家最为熟悉的唱片。音乐尽管很动听，但是所有人都知道这已经无济于事了，无论振奋与否，战场上的成败也不会因之而发生任何改变。人们的身体在晚会上，心思却都已经开始考虑在柏林被攻陷之后的出路问题。这份好不容易组织起来的轻松和缓的气氛究竟能够给人们多少安慰，就是只有他们自己才知道的事情了。

不过总的来说，在这场晚会上气氛还是不错的，在紧张的局势下难得有这样一个机会能够放松一下，每个人都尽力让自己看起来状态更复合这种气氛一些。大家在一起跳舞，饮酒，但是很少有人会聊天，因为话题难免会被引到让人心烦意乱的战况上去，即便是表面上的强颜欢笑，也没有人想破坏这难得的一晚清静时光。可是，特劳德没有被这种轻歌曼舞的假象所麻醉，她和一些人一样，已经清楚地预感到失败就在眼前。然而对希特勒的尊敬和对德国的深爱却让这种念头本身带上了一种难以抹去的负罪感，由于这种内心上的冲突而感到悲哀和郁闷的她不想在这里继续呆下去，便提前离开晚会，早早回到自己的卧室睡觉了。

当牺牲和危险离身边还很遥远的时候所建立起来的一些观念的稳定性，在即将直接面对这两者的时候难免会发生一些连自己也意想不到的改变，这是理所当然的事情。这与局势本身往往是无关的，然而对于许多人来说，作为信仰载体的观念与印象发生的动摇，比真正了解到利害关系还要让他感到不安，而这也让人们对即将到来的事情的恐惧感进一步被放大了。此时的特劳德，就有着这种沉重的不详预感。她觉得，在如今不太可能有什么军事上重大转折的前提下，在这块方寸之地，也许用不了多久就会有些重大的事情将要发生了。

女性的直觉并没有让她失望，第二天，希特勒破例亲自在简陋的地下室里召开了一次全体人员会议。他神色凝重，骨子里的桀骜不驯仿佛已经成为了一条勒在他颈中的绳子，让他看起来仿佛需要随时注意抿紧嘴角才能保持住自己的仪态一样。他首先走到留在的几位女眷和女性员工面前，由左至右地看了她们一眼，用不知道是怕吓到她们还是他自己一样低而轻的声音说道："一切都结束了，你们必须立即离开柏林。"特劳德觉得那声音比起在这段时间以来她从希特勒那里听到的话显得异样的温和，但是缺乏气力，听起来如同在念诵一份他自己的遗嘱。

不知是出于一时同情，还是对工作的坚持，当时特劳德犹豫了一下，然后对希特勒表示，自己也要留下来。她记得，希特勒曾经看了她一眼，但什么也没有说。"我不知道自己为什么选择要留下，可能知道自己没有什么地方可去。我的内心有些纠结，担心和这里分别，也可能没有想过这件事的严重。"

在会议上，希特勒和往常一样交代了一些事情，内容上最后说了一句话："在最后，我会举枪自杀。我希望的将领们也能照做。"说完他走出了会议室。而剩下的所有人都愣愣地站在那里，一动不动，像死人一样。"她们一边吃饭，一边安静地讨论以怎样的方式自杀可以少一些痛苦。"特劳德回忆说，"人们的脸色都是混乱的，他们在用活着的生命琢磨该怎么死去。"

尽管叙述起来很清楚，但是据特劳德自己说，在那段时期，她的心情也很复杂。经常会有矛盾的、奇异的念头冒出来，但是马上就被自己控制住了，在这最后的时期，无论作为政府的工作人员还是元首的秘书，她都有责任保持冷静和清醒。

在希特勒自杀前，告诉过特劳德要给他写个遗嘱记录。她大致知道，这可能是她最后一次接受元首委派的工作了。此时的她已经几天没有好好休息，地堡以外，苏军的炮火席卷着城市，为打入城中与德军残留部队巷战的士兵们提供掩护，有好几次都有炮弹在不远处爆炸，地堡的空腔里传来的嗡嗡声让她无法睡着。不过她还是打起精神，记录希特勒对她所说出的一切，但是她记录的依旧是她听得不耐烦的那些话。

这是一份和遗嘱毫无区别的短暂回忆录，饱含了希特勒本人对于往日成就，尤其是在"征服欧洲"历程上所经历的荣耀的怀念。而后，他的语气急转直下，严厉地斥责了前方将领们的无用和懦弱，对他们的失望情绪，希特勒几乎是毫无保留地倾诉了出来，尽管没有掺杂谩骂的词汇，但是也已经极尽贬低和羞辱。这令特劳德感到很惊讶，在他的健康、势力萎缩到如今这样在一隅之中苟延残喘的如今，自我中心思想却依然在持续地膨胀，越来越脱离实际，也越来越疯狂。睿智的影子从他身上剥离远去，留下的只有顽固的残余。整篇文稿里，他半句也没有因自己的一意孤行导致那些为第三帝国卖命的士兵们牺牲而表示过愧疚，而是继续将之视为特殊的光荣。在这份记录当中，希特勒表现出他惯有的那种顽固，执拗，即便最后的责任心，也仍然是对他自己，以及被他视为

"自己"一部分的德国的，他对遭遇大败却一直在正面战场上苦战的德国陆军和空军给予了最大程度的贬斥，尽管他们的最高统帅确实已经背离希特勒而去独自寻找出路，但是他却同样将这种指责强加在了基层官兵的头上。也正是凭借这种一时且一厢情愿的好恶，他将自己的继承人地位交予了海军统帅邓尼茨，尽管事实上德国海军在战争期间表现得并不算是非常出众。

这个曾经带领德国走出经济泥潭，壮大疲弱低迷国力使整个国家得以重新登上欧洲强国行列的人，亲手将自己和德国人民辛劳积累下来的一切成就投入了战争这个无底的赌桌上。像一个苦干暴富的穷光蛋小心翼翼地赌得了他人生中的第一把小胜，从此尝到了甜头并自以为会长久地被这种好运眷顾下去，然后一路输到赔尽了所有的筹码孑然一身之后开始怨天尤人，将客观理由置于所有错误的源头上，但就是不肯承认自己内心的那份贪婪是错的。

无论如何，情况到如今都已经无法改变。城内的苏军已经攻占了议会大楼，留给希特勒和他的党羽们考虑的时间不多了。在最后的这段时间里，希特勒答允了几位提出离开地堡的军官的要求，在安排过所有事情之后，他像是忽然放掉了什么担子一样，表情变得平静下来，携着情人爱娃与一直陪伴在身边的人们逐一告别。身为元首的锐气已经不复存在，但是高傲的成分却无论如何也去之不掉。特劳德感到，这个老人再也不是不可一世、神圣不可冒犯的那位德国最高统帅了。

当天下午，希特勒和爱娃一起自杀。他们离开人世后，特劳德没看一眼，因为她知道，在他与人们告别的时候起，这个人其实就已经死去了。无论是从身份上，还是在她的心中。她茫然地回到已经不再会有命令发布下来的秘书室，坐在自己的行军床边，突然发现自己恨透了这个人。他留给人们一个辉煌之后破败殆尽的希望，然后一个人离开了世界，什么也没有留下来，什么责任也没有担当。

纳粹政权瓦解的最终时刻，特劳德下定决心去别的地方。她在返回家乡的路上被苏军逮捕，在监狱中关押审查一段时间后被释放，回到巴伐利亚的家乡。以后，她被宣判和纳粹无关，没受到惩罚，事实上她不是纳粹党人。她原本以为，这样可以让自己的心灵获得真正的解脱，然而当自己真正获得自由的时候，她发现，实际上并没有什么惊喜随之而来。

"我曾经认为对那段日子是没有感情的，不过这种判决下定以后，有一段时间我还是有种被和以往的回忆割裂的不适应甚至难过。"晚年的特劳德·琼格在讲起以往经历的时候，语气已经变得非常平淡而自然了。

"另外，也有很多人让我详细评价他，但这对我来说也是不容易做到的。我只能对他们说，我和那时所有在那里的人没有区别，只是恰好在那个时候经历了这么一段历史而已。如果一定要说，那么我所能告诉你们的只有这样一句话：特劳德·琼格，曾经为一个叫阿道夫·希特勒的老人担任过秘书，仅此而已。"

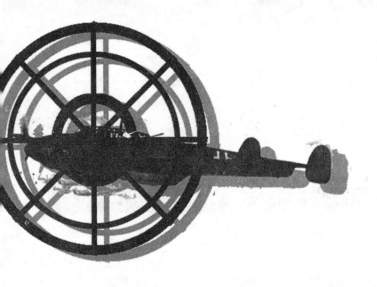

执著的追随者

二战浪漫曲

　　1945 年 4 月 15 日，爱娃·布劳恩坐在一辆军车上，从慕尼黑启程向柏林驶去，这辆车没有她平日所乘坐的汽车舒适，宽大的缸状车厢里是触感生硬的座椅，但是她的心思并不在这些东西上面，她已经下定决心，无论所要面对的结局究竟是怎样的，她都要与希特勒共同走完他们的人生，无论谁也不能将他们分开。

　　在世界历史上，二战德国将领们的家事一直都是历史学家和野史报刊所趋之若鹜的内容，拜后人对此类事情的热情所赐，希特勒与爱娃·布劳恩的爱情故事被深入挖掘并广为流传，他们之间的情感纠葛起源于希特勒刚刚由地下转到地上，即将正式走上国家政治舞台的 1929 年。一次在希特勒的摄影师海因里希·霍夫曼的工作室里的偶然相遇，使年纪尚小的爱娃在那里得以第一次亲眼见到了阿道夫·希特勒，他当时是极端右倾的德国工人党的党首，虽然不能与风华正茂的青年相比，但是却有一种男性成熟历练的凛冽的魅力。这让她对当时的希特勒一见钟情，在她的眼中，这位显得激进但是干劲十足的政治领袖具有着十分吸引她的东西。然而十多年的时间过去，希特勒与爱娃之间的感情从陌生到熟识，再到相互眷恋深爱，彼此相依多年，却始终没有能够成为眷属。

　　自从 1939 年希特勒狂妄的扩张行动引发了第二次世界大战以后，他的野心在与国家实力和战略决策脱节的情况下逐渐被残酷的现实所熄灭，爱娃的梦似乎也像德国的胜利一样，随时间的流逝而变得渐行渐远。而希特勒与德国所面临的处境也变得越来越糟糕，战场上主动权的丧失让希特勒变得越来越繁忙，能够陪伴在爱娃身边互诉衷肠的时间也越来越稀少。尽管她能够体会并理解希特勒身为一国元首的工作繁忙和责任重大，但是她仍然希望能够从这个自己深爱的男人身上获得一些补偿。当1945年的新年钟声敲响的时候，这场堪称是人类浩劫的战争已经接近了尾声，爱娃意识到，如果德国最终的命运是成为战败国，那么她生命中最重要的男人——阿道夫·希特勒最终也必然将难逃作为发动战争的战犯的惩罚，尽管这一切都是他作茧自缚，咎由自取，但是对于爱娃来说，在这个世界上，这个人是比自己生命更加重要的对象，她无法忍心就这样眼睁睁的看着他独自一人变成敌人的阶下囚或者作为最后一位抵抗者孤零零地战死在盟军的枪口下，因此，她决定违背他的意愿返回首都柏林。希特勒曾经在盟军逼近德国的时候命令她，要她留在上萨尔茨堡。他在那里有一座大的庄园，即他的"山间要塞"，那里因为是彻头彻尾的民用设施，因此并不会出现在盟军飞机和陆上火炮的轰炸计划当中，相对战略要地和政府机关和指挥机构密布的柏林来说要安全得多，但是爱娃却决心与他同生共死。而事实上，对于爱娃来说，现在也确实需要抱着这种几乎是前去赴死的心态才能够给她足够的勇气前往柏林。因为有着上述的种种原因，此时的柏林已经惨遭破坏，不复当初繁荣喧闹井然有序的大都市景象。尤其是在盟军2月3日起发动的空袭之后，侦察机和轰炸机频繁地光顾这个城市的天空，空袭警报每天要响上好多回。在城外，苏军和美军正在各条道路上快速地向前方推进而去，英军部队则已经兵临汉堡和不莱梅城下，德军占领的丹麦随时有被切断与德国本土之间联系的危险。事实上，东部德国现在已经距离全部落入了敌人的手中并不差多远了。

与此同时，在地下室的希特勒所得到的情况要比爱娃所道听途说的要准确得多，但也要糟糕得多。根据德军在前线传回的消息，苏军在 4 月 13 日攻占德军占领的维也纳以后，将这里的守军一部分赶走一部分就地歼灭或俘虏，在进行了短暂休整之后，部队沿着的多瑙河继续向前推进。而与此同时，美国的第三军团在清扫了前进道路上遭遇的几次德军的阵地之后也沿河而下，准备和苏军会师于希特勒的家乡林茨，更加令位于柏林的决策层的人们感到气恼的是，美军的第七军团正向纳粹运动的发源地慕尼黑进发，纳粹的基地经过此役必将将不复存在。但是他们已经没有更多的时间去关心其他地方的安危了，因为，此时城外不远的地方，苏军的红色旗帜正在如同刺刀一样撕扯着德军建立起来的临时防线，快速刺向整个第三帝国的心脏——首都柏林。

　　在战争打到了德国境内之后，之前总是由作为入侵者的德国在别的国家制造出来的场面终于被报应在了德国人自己的身上：首都柏林和许多大城市在激烈的争夺战当中被炮火和航空炸弹轰击得面目全非，人民流离失所，公共设施几乎无一例外地完全瘫痪甚至不复存在。盟军的车辆和坦克开过德国的街道与农田，碾向它们背后依然策动着战争的那座城市。

　　在希特勒所在的总理府前面，昔日繁华的广场已被盟军炸成了一片废墟，满地狼藉，人们几乎无法将之与以往那座威严阴肃、象征着绝对权威的宅邸联系起来，作为元首的希特勒却并没有离开这里，他就在总理府地面下几十尺深的防弹地堡当中，继续指挥着几近崩溃的德军和摇摇欲坠的第三帝国，希望能够在盟军强大的攻势面前继续支撑下去，并迫使他们的脚步在柏林城外永久地停止下来。但是此时，除了希特勒自己之外，恐怕也没有人会相信这是真的了。围绕着总理府和整个柏林的气氛，只能以"绝望"来形容。因此，总理府里包括希特勒自己在内的人们无论谁也没有想到，这个女人会在这种时候还能出现在这里。她来到这里，既意味着她已经抛弃生死的观念决定与自己的爱人一同迎接最后结局的到来，也意味着，纳粹德国的时间恐怕已经真的不多了。

不管别人怎么评价她的到来，爱娃此刻是开心的，在最危难的时刻，她用自己的决心和坚强支持那份维系在他和她之间的爱意，让她能够以孱弱的身体来到他的身边，在这一刻，她知道，自己已经不是那个无法让希特勒给予名分和荣誉，不能和他一同出现在公众场合上的仅能以暧昧关系来形容彼此的"情妇"了。从此，她的名字将同希特勒的名字永久地联系在一起，爱娃要与他同生共死，这正是她想要的。

著名历史学家伊恩·克肖说过，任何人对上个世纪带来的震动都难以超过阿道夫·希特勒。这个结论武断，但是却并非没有道理。作为发动第二次世界大战的元凶之一，在欧洲乃至全世界，希特勒的名字已经成为了一种固定的象征，它被人们积极地与所有它原本隶属的主人或者是与它主人曾经的行为相似者相提并论，并和诸如魔王、战争狂人、非人道主义、种族主义、民族大屠杀联系在一起。他所施展的行为和政策都被视为是一种人类政治领袖的反面典型，被今天的人们引以为戒。

1933 年 1 月 30 日，当时还只是一位政党领袖的希特勒被魏玛共和国的总统兴登堡任命为政府总理，纳粹党这个极端右翼的政党从而合法地走上了政治舞台，披上了国家执政党的外衣。这一事件也代表着希特勒的名字在历史上留下的第一个显赫足迹。而与此相比，爱娃·布劳恩，这位希特勒多年的秘密女友和以及最后时刻的妻子显得并无什么特殊之处，无论笼罩在希特勒身上的是光环还是阴霾，她在世界正史当中出现的时候往往只是在希特勒失败并最终结束自己生命的时候担当了一个陪衬的角色。人们对她的普遍印象也正如休·特莱弗·罗珀所写的那样，"爱娃只是一个缺乏内容的元首影子，这位女性对历史毫无意义可言。"许多人认为，她在历史上之所以没有能够留下更好的名声，原因和其他纳粹德国高级官员们的家眷一样，那就是因为爱娃·布劳恩作为希特勒身边最近的人，在他犯下可能会害死成千上万无辜军民、破坏无数个家庭平和幸福生活的罪行的同时并没有能够尽自己所能去劝阻和挽回这一切决定，她并不是一个传统意义上足够善良和深明"大义"的女性，因此并不值得尊敬。

那么，真实的爱娃·布劳恩到底是怎样的一个女人？这位与阿道夫·希特勒相知相识又相恋相顾的女性究竟与希特勒在长期的交往当中发生过怎样的故事？到底希特勒对她有着怎样的吸引力，或者说，到底是爱娃心中什么样的力量，支持着这位女子从少女到少妇都一直对他死心塌地的深爱，并最终选择了与他饮弹自尽同赴黄泉？这一切都要从爱娃和希特勒相识和相处的过程说起。

爱娃·布劳恩出生于 1912 年 2 月 6 日，诞生于一个家境不算殷实但是也不能算是非常贫穷的普通德国人家。父母都是老实巴交的普通德国公民。在她接受洗礼时，父亲为她选取了一个名字，叫做爱娃·安娜·保拉·布劳恩。她的母亲一共生下了包括她在内的姐妹三人，姐姐爱尔莎·布劳恩，以及小妹格利特·布劳恩。在这个略显拥挤和喧闹的家庭中长大的她，从小就十分聪明而执拗，在这一点上，她和在这个年纪的希特勒有着相似之处，也许正是同样出生并从小成长于多子女的家庭当中这件事情上，让未来希特勒和布劳恩两人在成人后所形成的性格上产生了交集。

当时整个德国和世界正处于战争爆发的前期，巴尔干半岛的多民族国家和边境领土问题早就让它像一口被点燃了岩浆的火山，随时都有迸发的可能。布劳恩家的内部情况也随之而不断演变着，在弗里德利希·布劳恩和他的妻子的婚姻之路上，曾经出现过一次不小的波澜。1914年，第一次世界大战爆发，正值壮年的弗里德利希·布劳恩不顾妻子弗朗齐丝卡的反对主动报名参军，尽管他本人是一位教师，但是传统社会文化的熏陶和作为男性的本能使他希望为祖国贡献自己的一份力量。因为体格健壮，他顺利地成为了一名一线士兵，在战争初期被派往塞尔维亚战区，战争后期他又被调往乌尔兹堡的一座战地医院里服务。虽然他在战争当中幸运地没有受到什么伤害，然而因为他离家参战的行为，与年轻的妻子和孩子们长年过着异地生活。妻子独自在家艰难抚养着三个嗷嗷待哺的小姑娘，生活的艰辛加上难以得到丈夫感情上的抚慰，弗朗齐丝卡感到越来越难以承受这种守活寡一样的日子，积累的不满渐渐导致了夫妻感情的崩裂。两人最终于1921年决定协议离婚。

在他们离婚时，法庭将三个孩子的抚养权交给了女方。弗朗齐丝卡·布劳恩尽管对丈夫存在着一些怨怼，但是对自己的孩子却心甘情愿地尽着母亲的责任，她和离婚前一样，在绝大多数时候都是独自一人拉扯三个小孩，生活过得非常艰辛。回到家中的弗里德利希心中也感到有些愧疚，独自一人生活久了，在想念妻女的时候就会去看看三个女儿，并给她们一些生活费和玩具。不过，他们的这次的离婚是短暂的，因为彼此心灵上的寂寞，加上女儿日渐长大，抚养的压力也随之逐渐增加，经过一段时间的商议和缓和关系，两人在第二年终于复婚了。

布劳恩家庭的分而复合，实际上与当时德国的经济形势变化有着很大的关系。一战战后，德国作为战争的发起国和战败国，负担着沉重的国际制裁和战争赔款。严重的战争消耗和对外赔偿任务导致国内经济萧条，通货膨胀不断加剧，国内饥荒横行，贫穷和饥饿困扰着绝大多数的人们。无论是生活在农村还是城市当中的老百姓的日子都非常糟糕，这种情况于 1922 年达到第一个制高点。当时美元同马克的汇率达到了 1 美元兑换 860 马克的骇人地步，如此币值吸引了世界各国的人们纷纷涌入德国市场，抢购便宜商品再向其本国市场出售，以此赚取彼此之间的巨大差额。而德国人民手中拿着不值钱的马克却越来越难买到最基本的食物，艰苦的生活和无法负担最基本生存需求的工资导致德国国内基层人民忍无可忍，工人罢工、市民绝食和失业者的骚乱遍及全国的街头。

弗里德利希在退伍之后回归家乡重新担任了教师的职务，尽管不用担心成为失业者，但在当时德国严重的经济下滑期间，1 磅黄油被卖到了足足 10000 马克，而作为政府公共机构职员，他所领到的薪水却完全没有增加。而与此同时，前妻弗朗齐丝卡的工作收入自然也不能例外地受到了影响，因此而大幅贬值，变得难以负担三个孩子和自己的生活。在这种经济情况下，窘境迫使这对走向陌路的前夫妇调转方向，重新结合到了一起，共同承担起照顾三个女儿的责任。事实上，这只是当时许多普通德国家庭共同面临的艰难处境之下所发生的辛酸往事的冰山一角而已，有一部分战后回到老家的伤残军人得到的政府抚恤金数量不足以养活自己和家人，在无计可施的情况下最后因为营养不良而患上慢性病逐一离开人世，甚至全家都活活饿死的情况也屡见不鲜。德国这种如同浸泡在沼泽当中一样糟糕的经济形势直到 1923 年 11 月政府实行货币改革之后情况才开始有所好转。通过货币改革，新任政府总理古斯塔夫·施特莱瑟曼有效地实现了经济的稳定，知道此时，德国才能踩着经济政策的砖头爬出泥坑，艰难地开始战后的经济复苏。

与其他家庭一样，对于布劳恩一家来说，经济的稳定使得他们家的生活情况好转很多。在收入增加之后，夫妻二人考虑到孩子们的学习和生活需要，经过商量之后，一家人在 1925 年搬到了慕尼黑的另一处较为繁华的街道，在这里，他们找到了一所比较高级而宽阔的房子，孩子们终于能够摆脱阴暗而狭小的房间与拥挤的合寝床铺了。而在接下来的几年中，他们也买了属于自己的汽车，一切都似乎在朝着欣欣向荣的方向发展。但是，在物质生活上得到了极大满足，人们心中的阴影却同样日渐复苏了。摆脱了对家事的斤斤计较和相互扶持支撑的日子，布劳恩夫妇之间再次恢复了对彼此的冷淡面孔，破碎的花瓶即使粘好了还是有裂痕的存在，曾经破裂一次的感情也自然很难再完好如初。

在这样的家庭中长大，父母表现出来的阴郁和隐晦的裂痕难免会投映在孩子们的心中，为她们造成一些难以预测未来走向的影响。爱娃·布劳恩在少年时代性格就已经表现出了明显的内向和偏执，尽管偏离普通人的性格不多，但是与这个年龄孩子明显形成反差的早熟和沉默让她朋友不多。她一生中所结识的关系最好的女友是赫尔塔·奥斯特迈耶尔，两个人在学生时代就彼此相好，她也可以说是爱娃此生唯一一直保持下来的闺中密友。直到爱娃生命的结束，她和她的孩子都是爱娃寓所里的常客。赫尔塔在后来的一次访问中讲述爱娃小时候的家庭关系"不是太令人乐观"。奥斯特迈耶尔在接受访问时曾经提到："爱娃在学生时代几乎有一半时光都在我家度过，放假期间就与我在亲戚家的庄园里度假，我们因此十分要好。她小时候聪明可爱同我父母关系也十分密切，我的父母也很喜爱她。她并没有什么不好的地方，只是偶然会表现得比别的孩子心事更重些。"

这位爱娃闺蜜女友的陈述对于今天人们理解爱娃的个人成长之路以及之后在她身上所形成的性格来说十分重要，这些讲述内容与来自布劳恩家庭对爱娃年幼时家庭环境自我叙述之间有明显的分歧，特别是与爱娃的母亲弗朗齐丝卡·布劳恩的说法大相径庭。弗朗齐丝卡强调，女儿是在一个正常的家庭里长大的，她保证长辈们之间的感情问题和行为对三个女儿的成长并没有造成任何不良影响。他们夫妻二人甚至都没有真正的争吵过，不过在他们曾经离婚的事实面前，这位母亲的这一说法显然缺乏可信之处。这可能与她在接受采访时所处的身份地位有关，像希特勒所有的亲属一样，1945 年，纳粹德国宣布战败，希特勒与爱娃自杀身亡之后，由于同希特勒的特殊亲戚关系，爱娃·布劳恩的母亲弗朗齐丝卡·布劳恩成为了全世界媒体与战史研究者们关注的焦点之一，处于社会舆论的压力之下，她在回忆时虚构出了一个在爱娃·布劳恩身上实际上并没有发生过的良好家庭与私人生活经历。

不管与家中妻子的关系如何，似乎是为了弥补在战争期间放下家人不顾的过失，弗里德利希·布劳恩通过自己的努力工作，在 20 年代中期已经跻身小康层次的富裕水平人群当中，这为他的家庭提供一种稳定的舒适生活。充裕的资金和物质基础让爱娃能够接受更为良好而优渥的教育。在读完公立学校后，在父母的意愿下，她又进入滕格街上的一所离家不远的私立学校继续学习。1928 年，爱娃来到英河畔的"玛丽恩霍厄"女子学校，这所学院成立于 1864 年由英国一位著名修女所创办的，因此在当时"英国小姐学院"，这个在全欧洲活动的妇女教会在今天被视为 19 世纪以来最早的妇女教育机构。当时，这所学院在德国境内可算是久负盛名，具有悠久的传统文化，信奉基督教。玛丽恩霍厄学院几年前开设了一所家政学校，爱娃·布劳恩就在这里学习家政服务，还学习文学和艺术，不仅养成了较为良好的家庭技能，同时也使她具备了一定的在社会上谋生的资质和文化基础。在那个时代，这种道路对于一个如此出身的

女孩来说还是比较理想的。在这所学院中有一幅古老的麦丽昂铜版画，画上，从辛姆巴赫可以越过一座古老的木桥眺望布劳瑙。值得一提的是，1889 年 4 月 20 日，阿道夫·希特勒就出生在那里。据说，爱娃在这所女性学院中特别关注这幅画，而一年后她就与希特勒相识了，不知这是不是上天的一种安排。

1929 年 9 月，从学校毕业的爱娃已经成长为了一位知书达理而气质稳重的大家闺秀，为了积累独立生活的经验，她通过当地一家报刊上的一则招工广告联系上了摄影师海因里希·霍夫曼，在他的照相店里为自己找到了一个摄影学徒杂工的工作，每天都帮助店主霍夫曼打理售货、照相和冲洗照片等一些零活儿。这份工作并不算繁重，很适合心思细腻又对新鲜事物感兴趣的爱娃，当时霍夫曼是阿道夫·希特勒的专职摄影师，在慕尼黑声名显赫，不过在这个时候，这件事情对于爱娃来说却并没有什么特殊的意义，她在这里只是为了找到一份能养活自己的岗位而已。

据史料记载和人们描述，爱娃·布劳恩的实际身高只有 1.63 米，她比较喜欢开玩笑地自称"与拿破仑一样"。虽然她个子不高，但身材却极为苗条，看起来并不臃肿，淡黄的头发十分柔顺，每天也不做过多的捆扎和修饰，任凭它们随风飘散。而且，无论在工作室还是在其他的公众场合，她所选择搭配的衣服都比较有品位且讲究效果，配上她稳重大方的气质，使人很容易对这个姑娘产生好感。而与此同时，尽管看上去身体比较纤弱可怜，但爱娃本人却非常敢想敢干，在工作上有完不成任务誓不罢休的精神。

在后来公布的一些照片上人们不难发现，从外表上看，爱娃·布劳恩即便在与希特勒交往的后期看起来也依然年轻漂亮、满头金发，兼有纯情和妩媚两种美感。而在她身边的希特勒则显得有点深沉老气，又严肃死板，拍照时留下的笑容也仿佛略显勉强和尴尬。除了身高刚好能让本身个子也不出众的希特勒被爱娃挽住手臂之外，两个人的不般配之处可谓比比皆是。据说，爱娃平时生活当中朋友并不是非常多，但是她很擅长消遣性的活动，经常去看电影和听爵士曲，偶尔还会不顾孱弱的身体旅游远足。更令人意外的是，身材较小瘦弱的她还十分爱好体育运动，是一位滑雪爱好者，对游泳和跳舞也十分擅长和喜爱，而这些几乎整个颠覆了希特勒平时专注喜静的生活习惯。可以说，她的生活方式和内容几乎与纳粹思想宣传的德国妇女的榜样完全背道而驰，在这种观念当中，一位杰出而称职的女性首先应该是一位正常且经验丰富的母亲和家庭主妇，能够为家庭，儿女和她的丈夫也就是生活伴侣提供必要的温暖，照顾与支持。然而爱玩又玩得如此花样繁多的爱娃却一门心思追求着新潮的浪漫和有趣的事物，那么又是什么，将具有传统到有些古板审美观的希特勒与这位爱娃联系在了一起呢？

1929 年底，希特勒在一次前往海因里希·霍夫曼的工作室的时候认识了这位学徒工小姐，当时，希特勒正忙于着手建立自己的专制统治，每天行色匆匆。来到这座照相店绝大多数时候都是与霍夫曼商量宣传用的照片的拍摄问题，和爱娃每次见面也只是打个招呼，并没有觉得她有什么特殊之处。不过，爱娃对希特勒的第一印象却十分深刻，与学究一样的父亲和每天忙于工作的店主霍夫曼比起来，这位看起来精明强干又仿佛有着无穷尽的想法和抱负的人所带来的感觉是完全不一样的。因为平时比较关注时事，她知道这个人的名字最近正在不断地出现在新闻媒体的种种报道，他的一举手一投足都有着重大的影响力，身边总是有和他气质相似的伙伴陪同。她也常听海因里希·霍夫曼和其他人聊起这位阿道夫·希特勒，摄影师对他充满钦佩和信赖的描述使爱娃从那时起就坚定了一定要与这位男士结缘的想法。

　　1931 年 9 月，在希特勒姐姐的女儿，同时也是他钟爱的情人格莉·劳巴尔自杀身亡半年之后，海因里希·霍夫曼经过努力劝说和安慰，终于成功地让希特勒从心灰意冷中恢复过来。有一天，霍夫曼邀请他和爱娃一同去看电影，希特勒被安排坐到了爱娃旁边。难得的机会让爱娃非常开心，而希特勒在长时间的悲伤之后乍然和这样一位活泼伶俐的姑娘呆在一起，一开始有些不习惯，但是爱娃的善解人意和讨人喜爱终于让他也打开了话匣子。这次观影的过程中，两个人谈的很愉快，并一起吃了顿晚饭。最初，格莉还在世时，希特勒曾经请过爱娃这位"照相馆的小姐"和格莉一同去吃冰激凌。在那之后，希特勒来照相馆也时常能碰见她，但因为一系列的琐事缠身的缘故，加上后来格莉不幸故去，心情低落的他并未把爱娃对他的一些暗示放在心上。可是，爱娃·布劳恩平时对朋友却声称他们已经相恋，经常私下相处。她已经下定了决心，一定要让这个人成为自己的所有物，即便不能一生如此，哪怕有一刻他能为自己一个人专注，就算付出任何代价，她也心甘情愿。

　　1932 年 11 月，在多次的示爱都没有引起希特勒的注意之后，尽管心意坚定，但是身为少女的爱娃还是觉得受到了很大打击，她害怕自己真的直到年华老去也无法获得这个人的心。如果那样一天真的注定将要到来的话，那么还不如趁早结束自己的生命，把这种痛苦停止在现在。心情苦闷绝望的她干出了一件十分吓人的事情：她回到自己家中，偷出了父亲的一支左轮手枪朝自己开了一枪。不过不幸中的万幸，爱娃没有像格莉那样真的把自己击毙，因为没有用枪的经验，加上男士手枪枪身沉重开枪后坐力又大，枪口在子弹击发的瞬间朝旁边跳起，导致弹头只是擦过她的脖子，但是没有伤到动脉。不过这一枪的震动和身体的疼痛也

希特勒的女人们

193

够这个弱女子受的了，在紧急送到医院进行治疗之后，尽管生命并无大碍，只留下一道隐约可见的疤痕。但是整件事情过后，爱娃还是大病了一场，许多天都没有从病床上起来，这是爱娃为了自己的爱情做出的第一次抗争，对象就是希特勒的不解风情。

因为受伤和生病的缘故，爱娃有一段时间没有来上班，不知情的希特勒也没有在意这件事情。等到事情过去两周之后，海因里希·霍夫曼有一天偶然告诉希特勒，爱娃因为向他示爱没有得到回应而曾经试图自杀，但是还好上帝保佑，她现在还活着，不过情况很不好。希特勒听后大吃一惊，他并不是对爱娃的感情完全没有察觉，但是在他的意识里，这个姑娘和其他围绕在自己身边的女孩没有什么区别，直到这时，他才发现这个小姑娘对自己的执着有多么深刻。

因为自觉辜负了爱娃的青睐而感到有些惶恐的希特勒怕她再做出什么惊世骇俗的举动，有意做一些弥补，便问计于爱娃的老板霍夫曼。或许是出于其商业利益的考虑，也是对爱娃的一片痴心有些同情，霍夫曼有意对这条由他一手牵成的红线极力维护。就这样，在他的撮合和鼓励下，希特勒和大病初愈的爱娃见面了，爱娃靠这次自杀行为奠定了她在希特勒心中的地位。

当时在场的马里翁·舍恩曼在 60 年代的一次访谈里曾提起过这一次见面。她的描述是这样的："应该说，那是一场精心设计的骗局。在希特勒进入他家中之前，霍夫曼故意告诉爱娃，让她装成一副'可怜的样子'。希特勒原本就很不安，看到她委屈而虚弱的样子，希特勒那颗坚强的心已不再坚强，他们预期的效果达到了。"

希特勒自觉得他无意害得这个姑娘为他而自杀，但是出于政治上的考虑，他觉得如果继格莉之后再次出现一次哪个年轻姑娘为他自杀的事件，万一这件事情被好事者知道并传到媒体耳朵里，经过舆论的大肆宣传报道，恐怕就会使他的公众形象蒙上一层阴影。这必将会对他的政治前途造成严重的不良影响和隐患，他既为爱娃的行为感到内心十分痛苦，同时也为自己感到非常不安。因为这样的原因，自从这次事件之后，爱娃就被希特勒以情人的身份对待了。她万万没有想到，这出半是无意的"苦肉计"，居然真的迎来了这位枭雄的心。也许是为了弥补自己对爱娃的生活和心灵造成的创伤，希特勒开始将爱娃纳入了他的生活范围并特别关注她。从这时起，爱娃·布劳恩从一个只与希特勒有普通认识关系的熟人成为了希特勒家中的常客。而希特勒对她也确实是尽心尽力，他一开始先在另一条大街上为爱娃·布劳恩购置了一栋很好的房子。之后，又将自己于瓦瑟堡大街 12 号一栋有花园的小别墅送给了她，并时常从繁忙的工作当中抽出时间前去看望，这让爱娃十分感动，又有些愧疚，她用比以往更加深刻而专注的热情来回报希特勒的关心，两个人原本并不算是非常热络的关系经过这段时间的相处，渐渐开始变得有些难舍难分的味道了。

　　爱娃是一个典型的小女人，尽管形象较好，但是从小养成的狷介而自我的古怪性格使她与其他人相处时的关系很难掌握好。加上之前曾经发生过的那次自杀事件对精神造成的影响，她变得有些乍喜乍忧，遇到事情很容易表现出冲动一面，而她又不是非常懂得怎样约束自己的情绪，高兴时可能会抑制不住地用一些极端的方式表达欣喜，而生气时又有可能会阻止不了自己的语言而导致伤害到别人。对一个人的好恶都被她表现在脸上，根本一览无余，她自己也曾经想要设法让这种情况得到缓解，但是始终收效甚微。她表现出来的样子，就像是一个构造精细脆弱得过了头的机械娃娃被在地上摔过了一次，尽管表面上看起来还算没有受到什么伤害，但是内部受到的损伤却无论如何也不能再恢复到最初时候的完好自然了。

对这个显得有些神经兮兮的姑娘，并不是所有人都能够像希特勒一样容忍她，希特勒的姐姐劳巴尔女士曾经有一段时间在他山上的庄园里为他料理家务并接待来客。她就对爱娃没有任何好感，而且从不隐讳这一点。在她看来，弟弟与这个和自己女儿格莉年龄相仿的姑娘产生了这样的关系是一种不道德而又缺乏存在理由的事情，加上格莉的韶龄早夭的事情上对弟弟颇有微词，她更加对这个女人在弟弟身边出现感到有一种罪恶感。她言辞激烈地批评爱娃和她弟弟的交往，甚至当着爱娃本人的面也毫不客气。但是因为希特勒自己的坚持，劳巴尔女士没能动摇他们两个人在彼此心中的分量。她对自己不能把他们拆开感到很是气愤。但是她依然没有放弃，因为希特勒一直没有对爱娃进行迎娶，劳巴尔就经常劝诫希特勒，希望他能够找一个和埃米·索内曼一样气质高贵懂得分寸和照顾别人的女人结婚，巧的是，索内曼后来成了希特勒死党兼下属戈林的妻子。

劳巴尔对爱娃的恶感几乎从未改变过，在与她碰面的时候，劳巴尔只冷冷地称她为"小姐"，而不像正常的熟人那样叫她的名字，因为每次见面都不得不忍受这种明为礼貌却暗含疏远和揶揄的称呼，爱娃也很不愿意与劳巴尔见面。劳巴尔女士在有一天与戈林闲聊时说道："与我弟弟相比较，我羡慕你的地方有两点。第一，你拥有索内曼女士这位好妻子；第二，你有罗伯特这位好管家。"疼爱妻子的戈林也半开玩笑地回答说："女士，必要的话，我可以把罗伯特让给元首，但是我爱人免谈！"

因为劳巴尔的关系，爱娃·布劳恩和与劳巴尔女士关系很好的戈林夫妇之间一直都比较紧张。埃米·戈林，也就是戈林元帅的妻子埃米·索内曼在德国在欧洲开战的第二年，邀请住在这片地区的将官夫人们一同来自家度假游玩。此次邀请更主要是打算看看爱娃对自己夫妻俩的态度。结果不知道是不是为了避免由爱娃回应导致日后可能在这几位夫人见面时出现尴尬，又或者是对爱娃暧昧身份不确定这件事情上的避讳，希特勒亲自出面表示了不允许。除了爱娃姐妹以外，其他所有的将帅和官员的夫人们，基本都应邀前往了戈林太太乡间别墅的度假之旅。这件事情也让大家都对希特勒对待爱娃的态度心知肚明了。不过，真正让人们没有想到的是希特勒对于这位不是夫人的夫人的尊重和执着。

曾经有人认为，劳巴尔女士在之后被希特勒请出了这座宅院的主要原因是她上了些年纪，加上身体不好的缘故，已经没有足够的心力来继续担任庄园的管理职责。不过这种解释似乎有些说不通。事情的真相是，1935 年在全国党代会上，各大政府部门的负责人和纳粹党重要党员的家眷们，都坐在贵宾席上旁听，其中自然也包括了劳巴尔和爱娃。劳巴尔女士发现爱娃在会场当中的举止有些轻浮，显得很不庄重。就把这个情况告诉了她的弟弟，并再次表示希望他不要和爱娃·布劳恩继续来往。但是，这一次，希特勒没有再一声不吭地扮演和稀泥的角色，他委婉但是毫不迟疑地让姐姐搬出了贝格霍夫的大宅，而他所知道的所有曾经对劳巴尔帮腔向爱娃进行语言嘲讽的将官夫人们也在此后很长一段时间内再也没有享受到瓦亨费尔德之家的热情款待。这个几乎是令人啼笑皆非的结果对于希特勒来说计划自然已经不是一天两天而已了，显然，在他最希望能让这位自己意属的"准夫人"和家人和睦相处的情况已经不可能出现的时候，他选择了自己更加重视且认为更有必要呵护与关心的那一边。

爱娃在与爱人姐姐的斗争当中以弱势地位的角色赢得了希特勒的同

情而获得全胜，而另一边，劳巴尔女士在 1935 年被弟弟请出山庄以后，因情绪波动较大导致了心脏衰竭，只得到巴特瑙海姆去疗养。此间，她认识了一位大学教授，两个人打得火热，1936 年他们结了婚。此后，劳巴尔就很少有机会再见到她的弟弟了，只有在庆贺希特勒生日时才有机会见到他。但是，已经没有以前那样的待遇，她必须像陌生人一样先在皇家饭店里等候，然后由军事副官把她带到总理府去见希特勒。当年矛盾遗留下来的旧怨尚且还能发挥如此效果，爱娃的枕头风威力可见一斑。

　　在这件事情过后，爱娃在希特勒身边的地位日趋巩固，这点在她所居住的这所张元当中表现得尤其明显。1936 年夏天，这里正式改名为"贝格霍夫"庄园后，爱娃住进了楼上二层紧靠希特勒卧室的一个套间。在庄园中还为她的妹妹和经常与她往来的女性朋友们准备了客房。这无疑暗示着她在地位上已经无人可及的现状。对因为和希特勒有私交而来拜访这座庄园的朋友或客人来说，爱娃并不是一位特别能尽地主之谊的"女主人"，她的热情和亲切通常只付诸于关心她的姐妹和女朋友身上，但是如果在交流的过程中对方能够对她表现出足够的尊重和亲切，她一定会毫不犹豫地给予双倍的热情和好感作为回报。原本性格就有些狭隘而小女人，又一直被藏在贝格霍夫这座"金屋"当中的爱娃像是一个过着与世隔绝生活，又被单方面的宠爱和孤独包围着的孩子，养成了只以一时好恶来区分对待别人方法的性格，因此她与附近其他将官们的家眷之间的友情也表现得时断时续，偶尔有时候很糟糕，有时候却又亲密得无话不谈。

　　在一些已经出版的传记中，可能是因为基于这一点的分析，爱娃·布劳恩被描述成一位精明而细致的"女管家"型角色，并引述当时的各种说法来表明她把这座大宅管理得并不比劳巴尔女士逊色，无论内部的状

二战浪漫曲

态还是对外开放进行的交际活动都井井有条。其实这种说法是并不正确的，自从劳巴尔离开后，负责管理家务的人选多次发生了变动，但是希特勒始终都尽量按照爱娃的性格为她挑选适合的管家，因此爱娃才能在这座大宅里凡事无虞地居住着。不过这种无忧无虑始终有着它的限度，爱娃因为身份所限，不便在任何有重要人物出席的大型招待会上抛头露面，每当有这种活动需要在这座庄园里举行，一些专门负责打理相关事项并制作宴会的人员就会来到这里和官家合作进行布置，爱娃反而像是变成了局外人一样。

爱娃明白自己的尴尬处境，她也希望自己能够尽快适应上流人物阶层社交圈的生活习惯并得以真正变成这个阶层当中被人们所承认的一位成员，她开始模仿戈培尔夫人在重大场合上表现出的言行举止，把她当成自己锻炼气质和精神面貌的榜样。然而，自身所带有的比较容易极端且略显神经质的性格决定了她无法真正实现想象当中那样的沉稳大方的做派，曼妙的服装和精美的首饰只能装点她的外表，与她自身的神态和言行一旦结合起来却显得虚浮而不相称。尽管从小受到过良好教育，但是固有的主观性格对她自身行动的影响却几乎抵消了这种教育遗留下来的内容。很多时候，她依然是那么一个普普通通的女孩子，跟在城市当中到处都是的那种姑娘没有什么区别。这让平时很少能够得到爱人陪伴的她在孤单的时候往往会产生莫名的哀伤和自怜，她觉得自己能够站在今天的位置享受这些对待和地位实际上并不是由于自己有什么特殊的价值，只是因为在偶然的机会下，从一个普通的照相店帮工女孩成为了元首的爱人而已，而一旦有朝一日失去了希特勒或者他的宠爱，后果是她根本不敢设想的。在社交场上的不得意加上独处的孤寂和胡思乱想带来的忧虑，两者共同作用下导致她所面临的精神压力变得越来越重。这种患得患失的顾虑也越来越频繁地出现在她的思想当中，无法控制，也停止不了。

事实上，在希特勒面前，爱娃也并不是全然没有优势的，除了为爱执着到底的性格之外，美貌和活泼也是让希特勒一直以来对她另眼相看的原因之一。为了保持这种武器的优势不被年龄和岁月所消弭，她开始频繁地在昂贵的服装和饰物上投入金钱和心思。同时为了能让自己和希特勒在一起的时候能够以最佳的状态相处，她尝试了各种办法来减轻压力，其中就包括品尝美食，然而矛盾的是，每当吃过之后，她一想到自己的体重又有可能将要为此而增加了就会惊恐不已。她见过上流社会体态臃肿笨拙的贵妇人们被丈夫所嫌弃乃至避之不及的情况，因此十分害怕体重增加，每次只要稍微多吃了一点，她就会揪心揪肺地将下一顿饭彻底否决来避免食物营养的过剩积累变成身上的赘肉脂肪。因为这种极度不规律的饮食习惯，爱娃在这所大宅的生活过程中无可避免地患上了胃病。因为体质原本就不是非常的强壮，每当她胃病发作的时候反应都非常激烈，频繁地呕吐使她胃部痉挛严重，那种疼痛让她在犯病时几乎一整天都直不起腰来。

得知爱人如此，希特勒也非常痛心。因为不管怎么说，将她一个人放在这里又长时间置之不理的责任他是无可逃避的。出于歉疚和难过，爱娃发病的时候，希特勒只要有时间就会赶回来，像恋爱中的年轻人一样手忙脚乱地为她按摩腹部，一边用各种甜言蜜语安慰，然后一直陪伴她到情况好转才离开。令人觉得讽刺和啼笑皆非的是，在德国忙于准备征服欧洲的时候，这一对身份显赫的情人往往也只有在这种情况下才能够获得一次亲密的相聚。希特勒的时间和精神被繁忙的公事所占据可能不会觉得怎样，但是对于爱娃来说，尽管在最痛苦的时候能够得到来自爱人的安慰，但这种相聚的方式不能不说是一种极大的遗憾。

1936 年初，一位亲纳粹的英国贵族小姐米特福德出于对希特勒魅力的崇拜开始对他发起攻势。这位姑娘热情十足，追求的努力堪称来势汹汹，加上政治主张和狂热程度都很对希特勒的个人胃口，因此他的注意力很快就被她所引走。也许是在她身上看到了格莉与当年青涩却执着的爱娃两个人的影子，甚至连长相上，她也与还是爱娃还是少女时那张线条柔和盈润的面孔颇为相似，希特勒与她之间的交往热度逐渐升温，在希特勒身边人们私下里的传说当中，她大有成为另一位"爱娃·布劳恩"的势头。

情人和其他姑娘打得火热，这件事情自然没有可能不被爱娃探听到，一开始她并没有动声色，因为希特勒身边经常会围绕这一些被他的演讲和形象所征服的狂热女性拥趸，而他为了政治目的也很愿意和她们进行一些交流和接触，知道这一点的爱娃原本以为这一次希特勒也只是在普通朋友的层面上和这位姑娘交往一下就算了。但是不知道究竟是希特勒情迷心窍还是他根本就没有察觉到自己是做了什么对不起爱娃的事情，米特福德与希特勒的交往越来越亲密，后者亲昵地称前者为"人间的瓦尔基里"，种种出格的行为终于让爱娃的醋坛子爆炸了。没过多久，她就上演了第二次自杀，这次的自杀行为可能比不上第一次的时候那么坚决坚定，但是这一次在动机中所包含的痛苦和委屈却毫无疑问比第一次更加深重，而其中希特勒的责任也显然比第一次要大得太多。

"——在这里看上去我拥有一切，但是实际上，我除了你什么都没有，那么与其等待你将它也拿走，不如先拿去我的生命吧。"

如果爱娃曾经为这次自杀留下遗言，那么上面这段内容大概就是她最想要表达给希特勒听的事情了吧。

这场用生命作为筹码的豪赌震醒了差点再次稀里糊涂坠入情网的希特勒，怀着愧疚和后怕，他回到了她的身边。从此，爱娃的地位在希特勒面前算是彻底稳固下来了。这次自杀给希特勒留下了极其深刻的印象，他意识到，屏弱但是刚烈的爱娃会随着他的愿望和需要尽自己所能努力进行任何的改变，但绝不会甘愿容忍任何来自于最爱的人的辜负。无论从哪个层面上来讲，他今后都绝对有必要在这方面慎言慎行，一来是他自己也不愿意以格莉当初同样的方式再失去一位爱人，二来，这种事情并不会每一次都能得到严格保密，一旦传扬出去，纳粹党和自己的光辉形象都会蒙上羞辱。为了补偿对爱娃造成的亏欠，希特勒开始更多地腾出时间陪伴在她身边，同时也将越来越多的社交活动带到了她的身边，这让爱娃感到了非常兴奋，她认为自己成为一位真正在社交圈拥有名望的女人的机会终于到来了，借助这种机遇，她开始努力彰显自己在社交生活中的独特个性，力求受到周围人们更广泛的尊重和重视。

不过尽管如此，在正式的、含有公务性质的公开场合上，希特勒仍然很少带她对公众露面，爱娃心中觉得很不公平，但是却又无能为力，她对政府工作和战争方面的许多事情毕竟一窍不通，这让她感到很是气恼。一想到在宴会上，希特勒的身边会簇拥着一大群光彩照人的女士，她们可能说出一大堆令人感到肉麻的话，她就像愤怒的小鸟一样。可她却不能够阻止她们的大献殷勤，每当这种时候，她只能独自在家中等候希特勒归来，而无法像其他官员和将领的夫人们那样和丈夫相陪相伴，用自己的睿智和优雅为他们增光添彩，不过另一方面，希特勒能力和性格过于强势使得这种责任几乎所有时候都被他自己一个人包揽也是原因之一，一旦他出现在宴会上，往往所有人的光芒都会被他的表现所抢走。

因此，只有希特勒在家中招待客人的时候，爱娃才有机会露面并陪

伴在希特勒的身边。这使她难得地有一种以"希特勒夫人"的身份出现在别人面前的感觉，不过她并不愿意满足于这种感觉，能够随希特勒登上大雅之堂的理想始终在她的愿望当中占有着重要的位置。所以只要有这样的机会，她便会将之视为实现这种愿望的练习，总是千方百计地在会客的过程中让自己成为所有人关注的焦点。同时，她也积极学习希特勒在这一点上的策略，试图以高调而强势的姿态迫使别人接受她对各种事情的看法。某种意义上来说，尽管有的时候她的发言听起来算不上是非常有欣赏价值，但是在伯格霍夫，她凭借良好的形象和积极的表现，被绝大多数客人们视为了这里的女主人，她自己也颇以之为豪。在每一顿招待客人的晚宴上，爱娃会主动坐在希特勒的身边。而希特勒也表现出了难得的配合和尊重，在晚宴结束的时候，希特勒总是先亲吻爱娃的手，然后对坐在另一边的女性客人吻手为礼，以此向她们道别。

　　不过反过来，当这种过程已经成为惯例之后，爱娃在气度上反而表现得有些不如自己的爱人。有几次晚宴结束后因为时间还很早，客人们还没有离开的意思，兴致很高的希特勒仍在滔滔江水般地谈论自己特别感兴趣的话题时，爱娃却因为张罗招待和筹备晚饭疲倦而不能控制地表现出特别焦躁不安的样子。有时候她甚至会不加掩饰地表示出她的不耐烦，暗示希特勒应当结束这种让她不愉快的谈话了。这种行为在后来越来越变本加厉，当爱娃已经确信自己对希特勒有着说一不二的地位之后，甚至会当着客人们的面向他投去不满的目光，或者干脆故意大声问他现在的时间是几点钟，今晚睡前喝咖啡好不好等话语。而令人费解的是，希特勒对此这种任性的行为所表现出的耐心却是近乎溺爱的宽容，他会像是意识到自己做得过分了一样突然中断刚刚还情绪高昂的夸夸其谈，一边与客人们说上最后几句话，一边对自己耽误大家的时间表示歉意。

这种在他生命当中绝对罕见的容让使绝大多数亲身经历过这个场面的人都感到难以置信。

事实上，爱娃自己也渐渐察觉到，希特勒把她留在家中不带到外面，其实是出于对她的深刻了解，这是她在打算借私人家庭聚会来锻炼和积累自己在公众场合上言行经验的想法破产之后所真切认识到的一点。对于政治，爱娃可以说是绝对地懵懂无知。在以往家庭聚会当中有女士们在场的时候，希特勒往往避免把话题牵引到她所不熟悉的军政要事上来。人们经常听到爱娃·布劳恩抱怨："他在做的事什么都不告诉我！"在最初，她是真的非常不满意，在爱娃看来，这些事情和邻里鸡毛蒜皮的一些风闻传告没有什么区别，她只是在概念上"知道"希特勒每天所参与的事情非常的重要，但是她在世界政治格局和军事动向上近乎零的知识量使得她往往对这些事情的来龙去脉和关系都是只知其然不知其所以然。

当她有时看到希特勒身边的副官和秘书们神色有异，觉得可能有事情发生的时候，她就来找他们，显示出特别想知道到底是怎么回事的样子。她经常抱怨没有人告诉她究竟发生了什么事情。而当人们有时将一些时政消息透露给她的时候，她总是一脸夸张的表情叫道："这是真的吗？这些可怕的事情我一点都没听说过。"根据秘书们私下里的说法，那表情浅薄得像极了她听到某位著名的电影明星被曝光搞了婚外恋的小道消息。这样过了一段时间之后，爱娃终于放弃了用假装关心政治来让自己能够接近这个圈子里面的想法。"我不知道政治上发生的大事情不是更好一些吗？反正，我也改变不了什么事、什么人。"她这样自我解嘲，毕竟，以她现在的身份，也许去琢磨怎样更好地充当一位力所能及的贤惠主妇才是更好的选择。

在观念和认识上的肤浅不仅仅局限于政治，爱娃并不算是一位懂得戏剧的人，但却在时尚的影响下经常在各个演艺场所之间穿梭，并且对演员们的周边消息也同样热衷。希特勒偶尔兴致一起，也曾经询问她关于她所喜爱的戏剧和电影的看法，但是爱娃的回答却往往与他预想的答案大相径庭甚至让他频跌眼镜，在评论一些艺术问题时，尤其是在评论艺术家时，她特别感情用事，很不客观公正。她并不从艺术的角度方面来评判表演者的优劣，而是根据表演者们见到她时所表示出来的态度来评判。如果她对一个演员看不顺眼，即使这个演员表演的再好也无济于事。这让从少年时代就从事艺术事业相当长一段时间的希特勒感到哭笑不得。

　　爱娃也爱好阅读，但是很少阅读一些比较严肃的著作，她只喜欢注重情节和故事经过描写的一些文学作品，她的这种阅读习惯可能与她的文化程度有关。不过值得一提的是，爱娃尽管叙述能力有限且没有什么艺术细胞，但她在音乐欣赏方面的格调却非常不错，在当时，她尤其喜欢听一些和缓绵长，带有忧伤情结的乐曲，例如"我愿伴陪你"。这种乐曲通常都非常匹配她所阅读的那些痴男怨女们纠葛不断的文学作品当中的情怀。活在深闺当中的她就用这种非常小女人的生活情趣点缀和滋润着没有希特勒陪伴的日子。

　　除了以上所列举的爱好之外，爱娃每天的绝大部分时间都用在了装扮自己上。女人在这个领域总是有着极高的天分，而爱娃在这方面则可以说是一位专家。作为元首的爱人，她极其重视自己的妆容和衣着，在这种习惯的影响下，她的日常生活过得非常有规律，并且很讲究。她每天都要更换几次衣服，从来不在早上起床、下午饮茶和晚宴上用同一套着装出现，她把用过何种衣料做成的衣服都非常仔细而工整地记在一本纸薄上。这样，她对衣柜里的衣服就能一目了然，并能用快速浏览的方式确认当下可以选择的衣服有哪些。这种生活方式所带来的结果是相当显著的，身为男人，希特勒对她这种在衣着打扮上的匠心独运和勤快非常欣赏，不仅是因为这样的爱娃在体现自身美丽的同时也能不时为他们的生活带来一些新鲜感，也是因为这很符合他的洁癖作风。在希特勒的支持和耳濡目染之下，爱娃对所有生活中琐事的细致掌握发展到了几乎令人难以想象的地步，这是当时纳粹高官的太太们当中的任何人都无出其右的。其中的许多习惯近乎使人费解，譬如她每天都要理一次发，但却保持着几乎不变的发型。因为希特勒对随意改变发型的行为很不喜欢，哪怕只是细微形状变化都是会遭到他极力反对的做法。在这方面，爱娃非常乐意且用心去配合希特勒的喜好，她的样子总是能够在与希特勒见面时让后者感到眼前一亮。

爱娃用在经营自己这件事情上所用的心思和她用在和希特勒感情上的心思几乎同样深入，她的眼睛是浅褐色的，眼睫毛很长，一眨一眨的，非常迷人。但她并不是任何时候看起来都美丽动人的，她的面盘与体型相比显得过于饱满，当她由于不屑和厌恶而板起脸来撇转嘴角的时候，她的唇边就会出现两道皱纹，使她立刻就显得老了下来，显得呆板而缺乏生机。像其他的女人一样，她对传闻和私语十分敏感，每当想到元首身边那些充满心机的女人们，她就十分担心。这些能够来到元首身边与他近距离交流的女人显然不会是毫无特殊之处的普通人，在各个方面往往都有着她所无法企及的优点或者优势，她们或者家世背景显赫，或者才艺和相貌出众，而最关键的一点是，她们所有人都和她一样对他抱有狂热的忠诚同时也会为拥有他的垂青而愿意做出任何事情。

强烈的怀疑和自卑感随着年龄的增长与美貌的流逝越来越严重地侵

蚀着她的心，只要从茉莉香水和侦探小说当中脱离回到现实当中来，这种侵蚀留下的伤口就会止不住地发炎阵痛。尽管希特勒在上次危险的自杀事件之后已经很少再传出和任何单独一位女性交从过密的声音，但是那件事情留下的阴影始终还是难以令她完全释怀。可以说，这些琐事在某种意义上已经成为了爱娃·布劳恩的某种赖以维持心态平衡的一种特殊慰藉品，它们大量地占用了她过于敏感的心思和念头，麻痹了她心中的那份不安全感。不过，她可能不会想到，在她利用这些事情分散注意力的同时，也许自己的爱人希特勒也正在借助繁忙的工作来排解着自己每次在她面前不得不低声下气屈尊迁就所带来的郁闷和不快。总的来说，至少在这一方面，几乎同样任性的他们都在磕磕绊绊和负面情绪当中学会了宽容和照顾彼此。

然而，对于爱娃来说始终有一项遗憾，希特勒和她自己的努力在种种原因影响下并没有能让她真正成为上流社会圈当中的一员。不过后来，这一项遗憾最终以一种谁也没有想到的方式被解决了。

在希特勒与爱娃的关系基本稳固下来不会再有改变之后，1944 年初，希姆莱的联络官，一位名叫赫尔曼·费格莱因的青年军官到贝格霍夫办事，在与爱娃的好友马里翁聊天的过程中，向她询问是否可以有幸同布劳恩女士共进一回午餐。马里翁便引介费格莱茵给爱娃认识，爱娃当天恰巧心情很好，便很慷慨地主动提出邀请费格莱因，大家一起吃了一顿气氛很是愉快的中午饭。

在费格莱因办完公事告辞之后，爱娃对这位年轻的军官的感觉非常好，她私下告诉马里翁："……这是一个挺不错的家伙，我的意思是作为一位男士。"爱娃还说："元首说过，如果有朝一日我心中有了别人，他就放我走！"但随后她又对马里翁这样说："如果我在 10 年前遇见费格莱因，我想我们会不顾一切地在一起，我会请求元首放我走！但是现在不行。"

毫无疑问，尽管接触的时间还非常短暂，但是能够让生性狷介的爱娃留下如此深刻印象并做出这样评价的人必定有着其可取之处。爱娃曾在希特勒的众多亲信当中寻找一些足够出色的对象作为妹妹候选丈夫，她曾向包括几位大使、部长等身份显赫的官员们进行过试探，但结果无一例外都以失败告终，这些男人过分正派和古板的性格和行事方式与她年轻的妹妹格雷特尔显得格格不入。这位赫尔曼·费格莱因给她的感觉与这些人都不一样，他年轻，显得十分有朝气，多少还有点古灵精怪。她觉得如果这个人能与妹妹格雷特尔结婚的话，想必两个人一定是非常般配的。在当时，费格莱因的风流是出了名的，格雷特尔本身性格也因为比较开放而著称，费格莱因也想认为，如果能够与希特勒借此攀上更加亲近的关系，对于自己也是一种非常不错的选择。在这样的原因推动下，他们很快就结婚了，1944 年，包括爱娃在内的许多位亲朋好友为他们在上萨尔茨堡举行了隆重的婚礼和欢庆活动，庆祝这一对同样出身自德国高层人士圈子当中的新人的结合。

妹妹与费格莱因的结合，意味着爱娃·布劳恩在社交的道路上出现了一个重大转折点。从那时起，在上流社会的种种社交场合上，人们在见面彼此引介时往往便会称呼她是费格莱因的大姨姐，因此她从心底里感谢这位妹夫。但是经过一段时间的交往，她发现这位年轻的妹夫对自己的吸引力并不仅止于此。有一段时期，她几乎每个礼拜都会往妹妹家中跑，参加他们所举行的或者晚宴也好或者舞会也好等等一系列的活动。与这对刚刚结束单身生活新婚燕尔同时又是自己的熟识和亲人的小夫妻呆在一起，爱娃似乎觉得自己也随之而变的年轻了起来，仿佛重新回到了结识希特勒之前充满快乐和希望的少年时期。而充满了与希特勒不同情调魅力的费格莱因也让她觉得对自己有一种无法否认的吸引力，实际上，爱娃并不算老，还不到三十岁的她所展示出来与不谙世事只一心玩乐的妹妹不同的介于故世和青涩之间的情致也让费格莱因为之注目。一种情愫就这样在两个人相互知道却心照不宣的情况下缓慢滋长起来，在一次跳舞结束后，有人看到费格莱因与爱娃曾经彼此长时间地双目对视，笑的十分暧昧和亲热。很显然，爱娃对这个人产生的感情已经非常浓厚了。

这种感情是极其危险的，他们之间的行为毫无疑问已经超越了大姨子与妹夫的关系，但是爱娃的妹妹与希特勒并没有发现这一点，而他们之间也并未真的发生过什么事情。爱娃的内心深处对于爱情和感兴趣还是分的非常清楚的，她曾经尝试过遭到自己所心爱之人的背叛和不理解带来的痛苦，她无法忍心反过来再将这种痛苦重新加诸在希特勒的身上。因此，她强迫自己保持清醒，把这种潜在的暧昧关系控制得如同一场惊险而无害的玩火，在那份热情会伤害到彼此之前就表露出浅尝辄止的态度，没有让它继续深入地发展下去。在一段时间以后，双方都对这种毫无结果的游戏腻味了，于是这层关系也渐渐被他们所淡忘。

不过许是造化弄人，1945 年时，德国大势已去，盟军强大的联合部队攻入德国本土，4 月 28 日，当天希特勒从无线电中听到英国广播公司说他一直以来宠信的纳粹头目希姆莱正与美方洽谈投降的消息时，大失所望的他像疯子似的大发雷霆。在一阵子狂怒之后失去了知觉，整个地下室一时鸦雀无声。

"一个卖国贼绝不能继承我为国家元首！"在醒来之后，希特勒对周围的人说的第一句话就是这个，"你们必须去做点什么，让这个叛徒无法再站在这片土地上如愿地掌握这个国家。"周围的人都明白这句杀气腾腾的话语究竟象征着什么，但是此时的局势已经不是5年前他一呼百应的时候了，希姆莱和他之间被长远的距离所隔开，希特勒的盛怒和他的刽子手无法及时降临对他进行制裁。但是，眼前有了一个现成的发泄对象，这位党卫队首领的联络官费格莱因就是这个倒霉蛋，希特勒将所有的怒火都烧向"希姆莱的人"身上，费格莱因稀里糊涂地变成了箭靶子。士兵们从禁闭室里将这位原本是马夫出身的党卫队将军提出来，严加审问关于希姆莱的"叛国"的细节和过程，并严厉指控身居要职的费格莱因与希姆莱是同谋。在元首的命令下，百口莫辩的费格莱因成为了希姆莱的替罪羔羊，最后被枪决了。尽管他娶了爱娃的妹妹做妻子，但希特勒绝不是寻私情的人，爱娃很想帮助他，但她更了解希特勒的个性，所以，最终没有去搭救。

从战争的硝烟升腾时起，人们就盼望着它熄灭的那一刻，1945年，这场战争终于走到了它的尽头，战争的发起者们逐一被反法西斯盟军从他们占领的土地上被歼灭和赶走，战火开始烧向这些国家的本土。此时的德国自然成为了众矢之的，苏军和美英多国部队分别从东西两线向德国进发，在斯大林格勒和法国连吃败仗的纳粹德军被大量消灭，剩余的撤回了本土，在希特勒号召下组织起最后的防线，拱卫着法西斯德国最后的阵地，以及身为罪魁祸首的希特勒等人的人头。

希特勒的声威和号召力在德国于境外战场上遭到严重打击的情况下仍然能发挥作用，然而随着战事的推进，由老弱残兵勉强堆砌而成的部队缺医少药又承受着粮食短缺的压力，然而他们所要面对或者说面临的，却是士气高昂的反法西斯盟军两路攻来的铁拳。

德国的国防已经处在崩溃的边缘，这位曾梦想创立"第三帝国"、为

二战浪漫曲

德意志重新塑造荣光和广阔国土的纳粹头领在这段最艰难的岁月里迎来了他 56 岁生日。尽管条件十分艰苦，但是为了鼓舞士气，同时也是为了安慰和激励自己，希特勒仍然开了这一次生日宴会，此时他的党羽，也就是纳粹的一些元老也都应邀参加了这一次简单的聚会。戈林、希姆莱、鲍曼等都围绕在希特勒的身边，并向他献上了生日的祝福。

　　尽管现在他们所处的环境很糟糕，但宴会的氛围却还算是和谐平静，这是长久以来，他十分难得的一个不必受到文件和战况报告骚扰的晚上。此时虽没有觥筹交错，唯美的音乐，奢华的宴会大厅，但人们的精神状态还是很饱满的，尤其是希特勒，在他沧桑的脸上未见萎靡之色，因为在他的心中依然坚信着自己是不会被打败的。不过将军们的心里实际上十分担忧，这些每天处理前线情况并发布作战命令的将领比他更了解现在外面的情况究竟有多么糟糕，战事进行到现在这个地步，已经朝着不可逆转的倾颓方向发展，而且滑向失败的速度正在越来越快，越来越无法隐瞒。他们早就从侦查上得知，苏军的部队大部分已经进入了战位，最终对柏林的进攻必将是一场惨烈而无情的包围打击。此时，元首的安危已经成为了他们当下最为担心的事情，他们打算在这场庆祝会后督促希特勒尽快离开柏林到德国另一面盟军还一时无法染指的地区去，如果没有抓紧时间，等到再过几天苏军部队到齐后把柏林通向德国后方安全地区的道路切断，这个国家恐怕就再也没有元首的容身之处了。在当前的斗争形势之下，希特勒作为国家的首脑是无论如何不能倒下或者被俘的。

　　他们心中是这样打算的，但是没有马上在面孔上表露出来。因为他们知道这位自尊心强烈到不可理喻的首领现在的心情。显然，此时的希特勒还不能接受自己辛辛苦苦创下的"第三帝国"即将被苏军攻破并进驻首都的事实，风水轮流转，这个曾在早几年被他宣布已经打垮并对之造成了重大摧残的国家今天居然反而打到了德国家门口，并连续击垮强大的德军防线，这实在是非常令人难以置信的一件事情。但眼下的现实已容不得他不承认了，在研究形式之后，为了防止被攻入城中的盟军一网打尽，他决定建立南北方两个分开的司令部，北方的司令部将由邓尼茨海军元帅来担任，而南方司令部的指挥官他一时还拿不定主意。不过，在决定作出的当天夜间已经有大批的人员在数位将领的带领下以各自不同的名义从柏林撤出前往了后方，在这些抛弃领袖独自逃走的人员中也包括了希特勒最信任的两位老部下希姆莱和戈林，他们带着多年从犹太人和占领地掠夺来的财物悄然离开了柏林，离开了曾给他们无限荣耀的希特勒。毫无疑问，他们对希特勒的感情并不真实，当德国战败和柏林被攻陷的命运已经无法避免的时候，这些投机者们就已经不再对希特勒抱有任何的幻想了，死亡对于元首来说是迟早的事，他们并没有打算陪他一起面对盟军的制裁。有必要的时候他们也会毫不迟疑地将这个对他们来说已经没有利用价值的首领出卖掉，也正是出于这种原因，希姆莱后来做出了单独与盟军方面媾和求存的事情。

　　心有不甘的希特勒并没有放弃使用还握在手中的力量，在苏军已经打到柏林城外的情况下，他已经没有心情顾及那两个临阵逃跑的人的事情了。在他生日的第二天，希特勒就命令菲里克斯·施坦因纳所在部于指定时间向位于柏林南郊的苏军发起全面反攻，以求趁苏军在这一部分的部署还没有全面完成的情况下能够从出其不意的角度将对方打个措手不及，在北面苏军还在进攻的情况下制造他们后方防守失陷的错觉，希望借此能够击退一轮苏军的进攻，保住北部的防线，以便拖延时间为从后方调集援军协防柏林争取机会。在下达指令的同时，希特勒还附加了全军必须参与作战，如有违背，将在 5 小时内处以枪决的内容。这条命令的下达实际上对这支被他给予了深切希望的部队起了反作用，直到这种时候还在城市里面寻找着逃兵和败兵进行枪决的党卫军给城内自愿参加抵抗的军民带来了非常糟糕的印象，但是这一次，他们的威慑对于施坦因那的部队已经没有任何意义可言了。下达完命令的希特勒一直在焦急地等待着反攻战的消息，可是，他渴望扭转时局的战争并没有打响。接到命令的施坦因纳并没有按照希特勒的指令去做，这场反攻战仅在希特勒的脑海中存在过，等到被证实这件事情没有发生的时候，战机已经一去不返了。

更加糟糕的情况是，原本，为了能够尽量地拖延战事结束的时间并为击退苏军这一波攻势提升可能，希特勒特意从柏林北面的战线上撤下了一部分军队用以支援施坦因纳的反攻战。但是后者的消极怠战行为让这一行为完全失去了意义，原本就非常紧张的北面防线人手被抽调之后在苏军的猛攻之下变得极其脆弱，十几份告急的消息在很短的时间内接连不断地被送到希特勒的办公桌上，手头上已经没有预备队可用、认为施坦因那已经在进行反攻的希特勒抱着北面能够再支持一段时间的一线希望没有回应他们，最终导致苏军突破了北面阵地，其坦克部队直抵城内。

这个消息传到指挥部的地堡内，作为德军最高统帅的希特勒简直不相信自己听到的消息，他更是无法接受这样的事实。在最关键的时刻，被他寄予了最大信任的施坦因那居然这样明目张胆地辜负了自己，这种欺骗和背叛使此时的他几乎失去了理智，完全不能控制自己的情绪，他歇斯底里地朝报告此消息的人发火，全身不住地颤抖，口中喃喃自语："我的末日到了……"

每个人都背叛了他，每个人都在欺骗他。除了谎言、腐化和怯懦，全无其他。他明白一切都将无法挽回！他的顽固终于演变成为了歇斯底里，他拒绝了所有请求他离开的建议，声称愿意留在柏林，愿意亲自保卫第三帝国首都，誓与柏林共存亡。在意识到自己的力量已经无法左右所有人的时候，他也不打算再去干涉别人的去留了，这次只是单纯地想要表达自己对曾经拥有过的辉煌的不舍与不弃。他愿意在这里以身殉国，但是，许多仍对他忠心耿耿的人还对他抱有很大的希望，不愿意让他在这里就这样毫无意义地战死。这些人以坚定的纳粹分子和德意志民族主义分子，强烈的自尊心使他们根本不愿向来自英美苏任何一个国家的敌人投降，他们很明白地意识到，除了希特勒以外，再也没有任何人能够像他这样坚定地将对这些人的抵抗和仇恨进行到底。如果在这里失去他的话，以哪怕级别再怎样高的将领也必将会把德国带向投降的道路。

他们再一次提出，希望希特勒能够立刻寻找机会离开柏林，毕竟由斐迪南将军所指挥的捷克集团军和凯赛林将军所率领的一大批军队仍然拥有完整的作战能力。这两股部队在经过简单的休整过后就可以继续投入到对抗敌军的战争当中去，而只要元首的性命能够保住，今后以他的号召力和决心再从德国的后方重新征召兵员组成部队的机会还非常充裕。有过多年经验的军官都懂得一个道理，战争的决胜点在于凝聚的军心和兴奋点。如果他们能够利用"保护元首"这个理由充分地调动起这些还保留着不小战斗力的士兵参战的积极性，那么在接下来的突围战斗当中，他们就有可能调动起全部的积极性成功将元首送往安全地带。但是，这也仅仅只是他们对局势的一时构想而已。在全世界绝大多数法西斯盟友和仆从国已经投降或转向盟军方面的情况下，他们在今后即便能够保住

元首，所要面对的也将是数百倍于本国的庞大敌军，这种情况下，被强行延长的战争为德国人民和军人所带来的伤害也只会更大，绝不可能会出现任何转机。

此时，心力交瘁的希特勒已失去了对部下的信任，即使他们依然是那样的崇拜自己，愿意为自己奉献一切，他也不想再争取什么了。他已经做出了决定，而这个决定是不可更改的，他要留在柏林，留在这片他曾为之奋战过的土地上，因为这里有他曾经的梦想，承载了他辉煌的过往。

在希特勒做出这个最终决定之后，他立即让秘书发布了这一消息。跟随希特勒多年的戈培尔一直对他忠心耿耿，从未违背过他的命令，这位忠诚的老部下终于被自私的希特勒想起来了，在消息公布之后，希特勒命人把他的一家人都请到"元首地下室"来，因为这里要相对安全些，而且他也不想在生命的最后时光中，显得太过凄凉，至少在他们的陪伴下，这种感觉会稍微得到缓解。接着，他开始处理所谓的工作，也就是对重要文件的处理，在整理过后，命身边的副官拿到花园中烧毁掉。

随后，他又叫来了凯特尔和约德尔，授命他们为南方残余部队的指挥官。这两个将军都是希特勒身边的得力干将，由于和最高统帅感情深厚，三个人之间上演的这次告别场面可以说是感人至深的。这两位追随希特勒的党羽对元首很是不舍，尤其是凯特尔，这位盲目崇拜希特勒的将领，一直像神一样信奉着他，对于元首的此次安排，他并不愿意遵从。但希特勒并没有给他犹豫的机会，他也只能选择服从。但这在约德尔看来，他们的元首是在推卸自己身上的责任，在危及的时刻，作为一名军人，守卫自己的领地，完成自己的使命等都是责无旁贷的事情，而他们的元首却在此时主动放弃了这些，在他看来，希特勒丢掉的不仅是身为一位军人的使命感，同时也丢掉了自己对部下的承诺。

为了以防万一，希特勒早在 1941 年的时候就已经为"第三帝国"做好了打算，那时的他也许正在描述它的雄伟、繁荣，或者是规划着它的发展方向，却从未想过它的消亡。所以，在同年的 6 月份，他拟定了"第三帝国"未来的继承人——戈林，这位在纳粹党中极具影响力的人物，曾担任过国会议长、经济部长等要职。如今，希特勒已经没有能力在掌控全局，所以，他想把重任交到了戈林的手中，于是下达了戈林继任继承人的通令。得到消息的戈林欣喜若狂，但他又很怕希特勒会收回权利，于是便给希特勒发了一份电报，以确保此消息的可靠性。

急于确定自己权利的戈林向希特勒表述了自己愿意行使权力的意愿，而对希特勒目前所处的不利环境并没有给予询问和关心。基于希特勒目前处在被围困的状态，很难再有大的军事动向，所以，在消息公布后如果没有接到元首的任何异议，他将自由分配任何形式的作战方略，并为自己的决定付出全部的生命力量。

接到电报的希特勒怒不可遏。在忍受太多背叛之后，他再也承受不住此类的打击，于是，对戈林大失所望的希特勒口授了一道命令，称戈林犯有"叛国罪"，按律法理应受到严惩，但念其跟随自己多年，可以免去死罪，但必须交出所任职期间的全部权利。

在第二天黎明到来以前，戈林满载的期许全部被希特勒的命令敲的粉碎，他的辉煌也就此过去，等待他的将是希特勒的裁决，得知希特勒的决定后，骄傲的不可一世的戈林选择服毒自尽。

在希特勒退守到地下避弹室以来，德军的局面已很是被动，面对同盟军的猛烈进攻，德军已无招架之力。此时，同盟军已逼近希特勒所在的地下避弹室，他们正从不同方位向总理府推进。连日来的打击已经让这位曾叱咤风云的独裁者饱受了患得患失的苦楚，在地下避弹室中的希特勒已不复往昔的神采，此时的他犹如风烛残年的老者，面容枯槁，神情呆滞，毫无形象可言。短短的几天时间里，希特勒体会了太多的变迁，亲信的背叛，政权的瓦解等，这些对他而言都是致命的打击，因为他从来都没有想过这样的事情会发生在自己的身上，犹如行尸走肉的他只能苟延残喘地躲在这个狭小的空间里，对他而言，现在进行任何形式的反攻都是徒劳的。

在曾追随希特勒的斯佩尔眼中，此时的他只是一位值得同情的老者，他违背人们的意愿发动的战争，带来的是全人类的浩劫，而他自己也没能实现称霸世界的目标，面对这样的希特勒，斯佩尔不得不为之动容。希特勒对斯佩尔的到来很是高兴，在两人的谈话中，希特勒大加赞赏了他在建筑方面的才华，并征求了他对自己是否应该留在柏林的意见。

在斯佩尔看来，希特勒选择留在柏林尚可称为明智的抉择，在他执掌德国的 12 年间，德国经受的是战乱、流离、负重等灾难的洗礼，而民众期许的繁荣和祥和却在希特勒的一手操控下毁灭，在生命的尽头，他应该为此忏悔，而不是选择逃避。

对于目前自己所处的不利环境，希特勒心中十分明了，为了防止自己被敌人擒获，他表示自己不会亲自参与到战事中去，不会给敌人任何侮辱自己的机会。他决定与他的情人爱娃共赴生死，并命人将他们的尸体火化。此时的希特勒对于生命的即将终结并没有表露出恐惧，相反，他认为这是一种解脱自己痛苦最直接，也是最好的方法。而这时，爱娃赶到了。

在希特勒众多情人中，爱娃对他的至死不渝令希特勒很是感动，为了弥补自己对恋人的亏欠，希特勒决定与爱娃结婚，即使他们只能做几个小时的夫妻，这对多年追随自己的爱人也是一种慰藉。在4月29日的凌晨，希特勒与爱娃举行了结婚仪式。婚礼简单但又不失隆重，虽然他们在不久之后将终结自己的生命，但此时他们的脸上洋溢的是幸福的笑容。在希特勒的生命中，感情对他而言从懵懂时的单相思到后来的起起伏伏，都没有权利来得更切实际，他曾一度认为感情是牵绊他事业的阻碍，即使到后来遇到爱娃，这位追随他一生的女人，他也从未改变过自己对感情的看法，可是，就在生命即将终结的时候，他才彻底顿悟，正是由于爱娃的信任与陪伴，才使他越过种种的阻碍，即使自己的"第三帝国"已不复存在，但恋人依然在身边陪伴着自己，这将成为了他今生最大的财富。

婚礼在有序的进行着，按照希特勒的要求：一切与婚礼不相符的事情都推到婚礼结束之后处理。在元首地下室里，两位新人进行了简单的宣誓，而后由证婚人向他们颁发了所谓的结婚证书。

应邀参加希特勒婚礼的只有几名将军和打理日常事务的秘书、随从，这样的婚礼不免有些沉闷。简短的仪式结束后，人们围坐在餐桌前，聊起了以前曾经辉煌的岁月，他们是如何令敌人折服，战果是如何的显赫，这不禁勾起了希特勒年轻时代的一些回忆，他在不停地述说着年轻时做伴郎的情景，以及自己的一些人生感悟，回顾他戏剧性一生中的每个高潮时期。

在婚礼还没有结束的时候，希特勒就招来了秘书开始拟定遗嘱。遗嘱分为两份，以文件的形式被保存了下来。它在一定程度上显示出了在希特勒统治德国12年的时间里，他为了实现自己的政治目标采取的铁血政策，即使在这个过程中搅乱世界的进程，他也从未想到过放弃。而他

二战浪漫曲

称霸世界的野心却在一次次地掠夺中得到了膨胀，虽然膨胀的野心让他得到了经济和具有一定影响力的权利，但终有一天，这种膨胀会达到最大限度，以致再也无法负荷。但自大的希特勒并未意识到这一点，他只是一味地追求权利，而不知自己正走在毁灭的道路上。

在最后的时光中，希特勒仍然没有意识到自己的错误，他依然凭着自己的巧舌如簧编造着谎话。他并不认为自己带动的第二次世界大战是一个错误的行为，而他对犹太人的仇恨到此刻也没有停止，并把这一切的罪名都归咎到了他们身上。在他的遗嘱中，他又以陈词滥调陈述了自己的宇宙观，在他看来德国的失败在一定程度上也受到了命运的捉弄，这是多么的滑稽而可笑的言论。

希特勒对于自己的失败从未自觉反省，自他开始接触战争到主宰第二次世界大战，在这三十多个年头里，他自认为为自己深爱的国家和人民竭尽了绵薄之力，是对人民的热爱和国家的忠诚给了他力量，让他做出了所谓艰难的抉择，他并不认为德国是挑起世界争端的始作俑者，而把矛头又再次指向了具有犹太血统的或是犹太人，认为是他们为了利益所做出的举动。

他为自己开脱罪名，想出了很多的理由。他提到自己曾为了限制军备数量提出很多的建议，这是自己为远离战争所作出的努力，是任何人都无法磨灭掉了。在第一次世界大战期间，希特勒作为一名志愿兵加入到战争中，他亲身经历了战争的残酷，所以，他指出自己从未希望继"一战"结束后，再次迎来战争，与美、英、苏等国家为敌。

法西斯德国窥探波兰丰富的资源已久，在 1939 年的时候，德国向波兰发动了侵略战争，以解除进攻英法所带来的经济压力，这也成为了第二次世界大战爆发的起点。此时，希特勒却把战争爆发的诱因归结到了英国。他提到自己在对波兰发动战争之前，曾向英国递交过协商协议，但英方并没有给予回复。在他看来，这是英国想通过战争获得利益，之后，自己才卷入到这场战争中来。

在遗嘱中，希特勒还提到自己之所以没有与恋人爱娃结婚，其主要原因是自己为了当前的战争放弃了步入婚姻殿堂的想法，自己把所有的精力都投入到了维护民族的利益中，但最终却遭到了挫败，这是自己没有想到的，但自己为德国的兴盛所做的努力是有目共睹的，这在将来也必将成为不朽的传奇，他在心中坚信着这一点，而历史见证的却是他的残忍和对犹太人的无情屠杀，这是无法抹去的污点，他也将成为历史长河中令人唾弃的刽子手。

此刻，他将留在柏林，即使自己不能亲自参加战斗，但自己的战斗决心却一刻也没有停止过。纳粹德国曾无限辉煌，他们肆意地践踏敌人的尊严，侵占他国的领土，如今，这一切也将落下帷幕，等待他们的只有失败，只有人们对他们所犯下的罪恶的审判。此时的希特勒还在为曾经的功绩而沾沾自喜，为自己的"第三帝国"骄傲不已，但现实已击碎了他的一切。他的"第三帝国"已在炮火的轰炸中消亡，此时的希特勒终于不得不承认，他的"国家社会主义"的梦想破灭了。

在他的遗嘱中，他对自己的功绩大肆地渲染了一番，意在让后人对他怀有景仰之情。从战争的开始直至后来废除继承人以及走向毁灭，他觉得在这个漫长的过程中，自己一直都是清醒的，做出的每个决定都可谓是明智之举，在废除继承人问题上，他也在遗嘱中有所提及。

希特勒在1941年时，将纳粹德国的二号人物赫尔曼·戈林定为自己的继承人，将来执掌第三帝国的大权。在战争的最后时刻，这位私下与希特勒关系密切的纳粹党却被希特勒判以叛国罪，罢免了他的一切权利，并很快任命邓尼茨为德国政府总统和武装部队最高统帅。

希特勒偏激地认为效忠他的大部分将士都背叛了他，这才是导致战争最后失败的真正原因。他不能把自己的权利交给背叛他的人。因此，他把继承人选定在此次战争中起到作用很小的海军部的元帅邓尼茨，而在前线作战中牺牲最大的陆军却没有得到希特勒的青睐。在遗嘱的最后，他再一次强烈谴责了追随自己多年的两个最亲密的战友。

在对背叛者进行了声讨之后，怒气稍平的希特勒将邓尼茨元帅任命为了自己新的继承人，并将"第三帝国"的命运在未来继续延续并运行下去的重要任务也一并转交给了他，命令他代为组织内阁并整理政务，将德国对盟军的抵抗进行到底。而另外，由戈培尔将出任新政府的总理，鲍曼担任党务部长，这是一个最新建立的组织部门，赛斯·英夸特，被任命为政府的外交部长。

希特勒在交代完了这些，已经是 4 月 29 日凌晨四点钟左右。希特勒把戈培尔、鲍曼、克莱勃斯将军等人召来作为遗嘱的见证人，他首先在这份遗嘱上签下了自己的名字，然后他们几个人也在遗嘱上签了字。

在政治遗嘱交代和解述完毕之后，希特勒命令秘书重新起草一份遗嘱，这一次则是他个人的部分。在这份遗书当中他回顾了自己的奥地利下层平民的身世和早年伟大的理想抱负，又提到了自己曾经恋爱的故事，解释他为什么要在临死前才结婚，为什么要同他刚结婚的爱娃一道自杀。希特勒说："我的妻子爱娃愿意同我一道结束我们的生命，以避免受到盟军的耻辱。我对爱娃怀着深深的愧疚感，爱娃用一生的爱来呵护我，从此以后我们再也不会分开了。"希特勒最后希望他们死后，遗体要在总理府立即进行火化。

希特勒口述完这两份遗嘱之后，已经全身无力，就回到自己的房内睡觉去了。这时天已破晓，东方出现了太阳的第一缕曙光，照到他生命中最后的一个早晨的柏林上空。今天清晨的柏林，全城烟雾缭绕，预示着什么。在苏军大炮射程内的建筑在不断地倒塌、焚烧。希特勒的残余部队还在进行顽固抵抗。苏联红军离总理府已经不远了！希特勒的末日终于到了！

当希特勒在睡梦中的时候，戈培尔下定决心要仿效元首的榜样，来个"以身殉国"。其实，他早已把自己的身家性命交给了元首。正是有了希特勒的栽培，他才有今天得以受万人敬仰，他所有的一切都是希特勒给的。戈培尔一直以来的角色就是第三帝国的预言家和宣传家，而且在制造纳粹的神话方面仅仅逊于希特勒。

为了让帝国的传奇能够流传百世，戈培尔认为，不但元首应当伴随帝国而死去，作为元首身边最忠实的信徒，在此最为关键的时刻，也必须伴随元首，伴随帝国而去。戈培尔静静的回到他那地下室的小房间里去写自己的遗言。他把自己的遗言称为"帝国元首政治遗嘱的附录"。

"元首早已下达命令让我离开柏林……到他的新政府中担任总理，元首在最后的时刻仍然没有忘记与他艰苦奋斗，追随一生的战友，我心里特别欣慰。我还是第一次拒绝服从元首对我的命令。我的妻子和孩子们也同我一道拒绝服从元首的命令。在帝国最后的时刻抛弃元首，实为人情和忠贞所不许，如若那样做，世人将把我看做是一个可耻的卖国贼和不忠的信徒，我不仅将会失去人民对我的尊敬，也会失掉我的自尊心……在元首最后这些最危急的日子中，内心受到无比煎熬的时候，要有一个人无条件地陪他直到最后牺牲……除了他的妻子爱娃之外，那么剩下的人就是我和我的家庭愿和元首一道牺牲。"

"我确信，我们现在所走的尽管是一条充满困难的道路，但是它也同样是一条对德国的未来有重大意义的道路。尽管这么做有软弱的嫌疑，但我可以坚定地说，这种选择不是逃避。如果能够作为榜样流传在后世的奋斗者当中，那么这种牺牲就实现了它的价值。

　　"我和妻子都是坚定的，不可动摇地元首信仰者，希特勒在最后都不愿离开首都，他要和首都共存亡，他认为他离开了首都他的生命就没有了价值，我也一样，如果而我离开了总统，那么我的生命也就没有任何的价值，我要在元首的身边结束我的生命，能在他的身边死去，将会是我一生的幸福。而我的孩子们年纪还太小，请原谅我自私地代替他们做出选择，因为无论如何，我相信他们作为德国人在懂事之后也会支持我的做法。这是我们最后为德国所能做到的事情，也是我个人和我所有的家庭成员对元首最后的忠诚。"

　　4月29日凌晨5点的时候，戈培尔书写完了他的遗言。此时，柏林的东方已经出现了一缕霞光，但战争的黑烟遮住了朝阳。在地堡中还有许多事情要去处理。头一件最重要的事情是如何通过重重的苏军防线将元首留下来的遗嘱带到邓尼茨将军等人面前，以便后人能够永远记住它。

　　这份遗嘱非常的重要，不仅关系到未来的新政府的内阁成员，也关系到希特勒的遗嘱是否流传于世的问题，希特勒选择了3名可靠的士兵担任"信使"的重任。在这三人当中，有一位士兵的任务最为艰巨，他要做的是设法将元首遗嘱的一份副本送到现在还在波希米亚山中继续指挥与敌军作战的陆军元帅斐迪南手中。希特勒在遗嘱当众任命他为新政府的陆军总司令。其他两个人则要把他们手中的副本分别交给邓尼茨等人，其中送给邓尼茨的副本里附带了一封鲍曼的亲笔信：

"亲爱的海军元帅：因为帝国所有的部队都没有前来首都解围，看来我们已经没有希望看到胜利的光辉，元首昨夜口述了这份遗嘱。希特勒万岁！"

当天中午，这3位信使就急匆匆地出发去执行这至关重要的使命。他们经过柏林植物园迂回向西，到达哈维尔湖前面的皮切尔斯道夫。该地驻有希特勒的一个青年团，还在等待温克大军前来解围。

为了到达这里，这三个人经过枪林弹雨的袭击终于成功地溜过了三重苏军封锁线，昔日柏林熟悉的街道已经变成了废墟、战壕、工事和临时的尸坑。虽然困难重重，但最后他们都一一通过了防线，不过，此时一切都已经太晚了。他们冒着生命危险带出来的文件对邓尼茨等人已经没有任何意义了，因为到了这时，后者根本没有机会见到这些送信人了。

4月29日中午，希特勒又恢复了往日的精气神，在地堡中召开了例行军事会议共同讨论当前的柏林形势，与六年来他每天都在这个时候召开军事会议一样，好像他的路还没有走到尽头。克莱勃斯将军报告说，昨夜和今晨苏军正一步一步地逼近总理府。我们剩下的一点点忠诚的守护者的军火已经接近没有了。温克的援军仍然没有任何消息。

在避弹室里的将军们心里都有自己的打算，有几位军官斗胆向希特勒提出了外出侦查——其实是准备跑到外面自寻生路的请求，希特勒没有多说什么，很顺利地同意了他们的请求，并命令他们带去信息，让温克快些前来柏林。他们在接受这份命令之后当天下午便离开了地堡，至于有没有传送命令，那就是没有人能够知道的事情了。

此后不久，又有一个人选择了离开，此人是希特勒的空军副官，战争爆发以来便成为帝国空军的下级人物，尼古拉斯·冯·贝罗空军上校。

二战浪漫曲

贝罗也是不想自杀的，他虽然身为希特勒的空军副官，但他并没有受到希特勒的赏识，他没有必要为希特勒陪葬。他诚恳的要求希特勒准许他离开，也得到了批准。希特勒这天真是十分通情达理。

毫无疑问，那天深夜里召开的战事情况会议上所获得的信息，更加深了元首对陆军背叛自己的切身感受。他最忠诚的魏德林将军正在指挥勇敢的、但是却装备简陋的人民冲锋队和年龄太小的希特勒青年团，在被围的柏林流尽自己最后一滴血，以便使元首能够多活几日。据他报告说，苏联红军已经推进到空军部附近，距离攻进总理府也只剩下最后的一点时间而已，根据目前手上所剩余的兵力，充其量也只能将他们的脚步阻挡上一两天而已。

希特勒的末日终于来临，他一直在梦想中指挥着即将到来解开首都之围的纳粹军队，此刻终于在残酷的现实当众清醒了。希特勒知道救援自己的部队根本不会到来了，他口述了最后一封简短的信，交给贝罗带给凯特尔将军。

他在信上告诉这位陆军最高长官：柏林保卫战现在已经结束了，他将会选择自杀，决不会向敌人投降，戈林和希姆莱已经无情地背叛了自己的国家，他已任命邓尼茨作为新政府的继承人。

在信中，他再次批评了陆军为自己带来的失望，他说海军在整个战斗中非常英勇。空军也特别勇敢，只有戈林应该对空军丧失战争初期的优势负有不可推卸的责任。

不过他对陆军的士兵们英勇作战给予了肯定，但否认了几乎所有将官们的成果。这位帝国的最高领袖的性格到死也没有丝毫的改变，全部伟大的胜利都属于他，最后的失败则归咎于那些不忠和背叛自己的人。

希特勒生命的尽头到了。他叫来身边最后的秘书琼格夫人销毁档案中的剩余的一批文件，并且让所有地下室里面的人等候通知。大家心里都清楚地知道这个命令的意思，元首向大家告别的时候到了。1945 年 4 月 30 日在用过午饭之后，爱娃挽着希特勒的手——同大家握手言别。

　　几个小时后，希特勒和爱娃双双自杀身亡。这个战争狂人，杀人魔王就此结束了其罪恶滔天的一生。爱娃至死执著地追随着希特勒。